Low Carb Frühstück

Über 100 leckere Low Carb Rezepte für ein gesundes Frühstück

Abnehmen, Energie tanken & gesund Leben

Nele Kaczmarek

ISBN-10: 1537124072

ISBN-13: 978-1537124070

Über das Buch

Vielen Dank, dass Sie sich für den Kauf dieses Buches entschieden haben! In diesem Buch erwarten Sie über 100 leckere Rezept-Ideen für ein kohlenhydratarmes Frühstück. Ob Rührei, Omelett, Müsli, Quarkspeisen, Smoothies & Shakes, Pfannkuchen & Pancakes, Gebäck & Backwaren oder Low Carb Brotaufstriche.

Denn ein Low Carb Frühstück muss keineswegs eintönig oder spärlich ausfallen. Mit den richtigen Zutaten kann es sogar richtig abwechslungsreich und lecker sein. Auch während einer Low Carb Ernährung oder Low Carb Diät ist es wichtig, nicht zu hungern und seinen Körper schon am Morgen mit Stoffen zu versorgen, die unser Körper tagsüber braucht.

Dazu gehören unter anderem Mineralstoffe, Fette, Eiweiße und Vitamine. Kohlenhydrate hingegen, braucht unser Körper in der Regel nicht. Sie liefern zwar kurzfristig Energie, lassen uns aber nach kurzer Zeit eher müde und schlapp werden.

Den Tag mit einem Low Carb Frühstück zu beginnen ist also die ideale Grundlage dafür, sich tagsüber leistungsfähiger und fitter zu fühlen. Zudem sind Eiweiße und Fette nicht nur lebensnotwendig, sondern machen auch noch satt, regen den Stoffwechsel an und lassen so die Pfunde purzeln.

Die folgenden Rezept-Ideen sollen Ihnen dabei helfen, mit einem leckeren Low Carb Frühstück energiegeladener in den Tag zu starten. Gerne können Sie Ihre Erfahrungen mit mir teilen, oder mir über Ihre Low Carb Ernährung berichten. Die entsprechenden Kontaktmöglichkeiten finden Sie am Ende des Buches.

Ich wünsche Ihnen viel Spaß beim Lesen und ausprobieren der Rezept-Ideen und hoffe, dass auch Sie eine leckere Alternative zu einem „normalen Frühstück“ in diesem Buch finden können.

Sollten Sie Zuckerersatz benutzen, beachten Sie bitte, dass auch dieser Kalorien enthalten kann!

Inhaltsverzeichnis

Einleitung

Kohlenhydratarme Ernährung ist nach wie vor „Abnehm-Trend“ Nummer eins. Doch wie sieht ein Low Carb Frühstück aus, wenn man z. B. auf Brot verzichten sollte? Was ist dran an dem Sprichwort, welches besagt: Frühstücke wie ein Kaiser, esse mittags wie ein König und zu Abend wie ein Bettelmann?

Statt morgens Kohlenhydrate satt zu verzehren, raten Ernährungsexperten dazu, schon mit einem Low Carb Frühstück zu beginnen. Dadurch wird der Stoffwechsel schon morgens ordentlich angekurbelt und kann direkt anfangen, Fett zu verbrennen.

Wir sollten also am Morgen auf unser helles Brötchen, mit Marmelade oder Honig verzichten und lieber leckeres und gesundes Vollkorn-, Eiweiß- oder Low Carb Brot essen. Die, die morgens gern ein Frühstücksei genießen, können sich freuen: Eier gehören zu einem Low Carb Frühstück fest dazu. Dabei ist es egal, ob sie hart gekocht, zu Rührei, Spiegelei oder Omelett verarbeitet, oder pochiert gegessen werden. Damit es nicht zu langweilig wird, sollten frisches Gemüse und Kräuter die „Eiermahlzeit“ abrunden.

Aufschnitt wie Hähnchenbrust oder Kochschinken, Käse oder Low-Carb geeignete Marmelade (selbst gekocht), sind ebenfalls willkommen. Quarkspeisen mit Obst, Low Carb Pfannkuchen oder Low Carb Waffeln, gestalten das Frühstück abwechslungsreich und sind ein besonderer Leckerbissen für die süßen Frühstücker. Dazu gibt es dann vorzugweise noch ein Ei und der Fettverbrennung am Morgen steht nichts mehr im Wege. Käse, Ei und Co. machen außerdem länger satt und weniger Heißhunger, als Schokomüsli und Marmeladenbrötchen.

Wichtig ist, dass Sie sich immer wieder in Erinnerung rufen, dass Sie bei Ihrem Low Carb Frühstück reduziert Kohlenhydrate verzehren und nicht komplett darauf verzichten!

Rezept-Ideen für Rührei

Rührei mit Tomaten & Frühlingszwiebeln

Zutaten für 1 Portion:

- 70 g Tomaten
- ½ Frühlingszwiebel
- ½ Mozzarella
- 2 Eier (M)
- 2 EL Milch
- 2-3 Blätter Basilikum
- 1 EL Rapsöl
- Salz, Pfeffer

Eier, Milch, Salz und Pfeffer miteinander verquirlen. Die Tomaten und den Mozzarella in kleine Würfel schneiden, die Lauchzwiebel in feine Ringe schneiden und den Basilikum fein hacken. Tomaten, Mozzarella und Lauchzwiebeln zu der Eiermasse geben und gut verrühren.

Öl in eine heiße Pfanne geben und unter Rühren stocken lassen. Mit gehacktem Basilikum garnieren und genießen.

Nährwerte für 1 Portion	
Kalorien	431 kcal
Fett	31,8 g
Kohlenhydrate	7,0 g
Eiweiß	25,5 g

Rührei mit Räucherlachs & Schnittlauch

Zutaten für 1 Portion:

- 3 Eier (M)
- 1 ½ EL Milch
- 1 Scheibe Räucherlachs
- 2 TL Schnittlauch
- 1 TL Öl
- Salz und Pfeffer

Eier, Milch, Salz und Pfeffer miteinander verquirlen. Schnittlauch in feine Röllchen schneiden und den Lachs in Streifen schneiden.

Öl in eine heiße Pfanne geben, die Eier dazu geben und stocken lassen. Den in Streifen geschnittenen Lachs auf den Eiern verteilen und kurz mit garen. Vor dem Servieren mit den Schnittlauchröllchen bestreuen.

Nährwerte für 1 Portion	
Kalorien	382 kcal
Fett	28,0 g
Kohlenhydrate	3,4 g
Eiweiß	24,2 g

Rührei mit grünem Spargel & Schinken

Zutaten für 1 Portion:

- 150 g grüner Spargel
- 2 Eier (M)
- 2 EL Milch
- 1 EL Parmesan, gerieben
- 1 EL Schnittlauch
- 50 g Schinken-Würfel
- Salz, Pfeffer

Den Spargel waschen, trocken tupfen und das untere Drittel schäle. Dabei die holzigen Enden abschneiden. Den Spargel schräg in dünne Scheiben schneiden, die Köpfe aber ganz lassen. Schnittlauch in feine Röllchen schneiden. Eier mit Milch, Salz und Pfeffer verquirlen, Parmesan und Schnittlauchröllchen zugeben und gut verrühren.

Öl in eine heiße Pfanne geben, die Spargelscheiben bei geringer Hitze ca. 6 Minuten garen. Schinkenwürfel hinzugeben, die Eiermasse darüber gießen und unter Rühren stocken lassen.

Nährwerte für 1 Portion	
Kalorien	465 kcal
Fett	32,2 g
Kohlenhydrate	6,9 g
Eiweiß	33,6 g

Feuriges Rührei „Indische Art“

Zutaten für 1 Portion:

- 2 Eier (M)
- 1 EL TK-Erbsen
- 1 EL Schnittlauch
- 30 g Sahne
- 2 Scheiben Frühstücksspeck
- 1 TL frische Chilischote, gehackt
- ½ TL Curry-Pulver

- 1 Prise Muskat
- Salz, Pfeffer

Erbsen auftauen lassen. Schnittlauch waschen und in feine Röllchen schneiden. Chili fein hacken. Eier, Sahne, Salz, Pfeffer, Curry und Muskat verquirlen. Erbsen, Chili und Schnittlauch unterrühren.

Speck in Stücke schneiden und in einer Pfanne knusprig auslassen. Die Eiermasse dazu geben und unter Rühren stocken lassen.

Nährwerte für 1 Portion	
Kalorien	406 kcal
Fett	33,2 g
Kohlenhydrate	6,1 g
Eiweiß	17,7 g

Feta-Rührei aus dem Ofen

Zutaten für 1 Portion:

- 2 Eier (M)
- 1 EL Feta Käse
- 1 EL Sahne
- 1 TL Öl
- 1 EL Schnittlauch
- Salz, Pfeffer

Den Backofen auf 180°C vorheizen (Umluft 160°C)

Eier mit der Sahne, Salz und Pfeffer verquirlen. Schnittlauch in feinen Röllchen schneiden. Den Feta Käse in die Eiermasse bröseln. Eine Tasse oder ein kleines Auflaufförmchen leicht einfetten und mit der Eiermasse etwa zu ¾ befüllen.

Im vorgeheizten Backofen ca. 10 - 15 Minuten stocken lassen. Das fertige Rührei mit den Schnittlauchröllchen bestreuen und servieren.

Nährwerte für 1 Portion	
Kalorien	336 kcal
Fett	26,1 g
Kohlenhydrate	2,5 g
Eiweiß	19,1 g

Rührei mit Tomaten & Bärlauch

Zutaten für 1 Portion:

- 3 Eier (M)
- 2 EL Sahne
- 3 Blätter Bärlauch
- 1 kleine Tomate (50 g)
- 1 TL Öl
- Salz, Pfeffer

Eier mit der Sahne, Salz und Pfeffer verquirlen. Bärlauch von den Stielen befreien und in feine Streifen schneiden. Die Tomate vierteln, entkernen und in kleine Würfel schneiden.

Öl in eine heiße Pfanne geben und die Eiermasse hinein geben. Erst wenn das Rührei fast vollständig gestockt ist, die Tomatenwürfel und den in Streifen geschnittenen Bärlauch hinzugeben und unterrühren. Ist das Rührei komplett gestockt, auf einen Teller geben und genießen.

Nährwerte für 1 Portion	
Kalorien	390 kcal
Fett	29,5 g
Kohlenhydrate	5,1 g
Eiweiß	20,8 g

Farmer-Rührei

Zutaten für 1 Portion:

- 2 Eier (M)
- 50 g Bacon (alternativ Kochschinken)
- 50 g Feta
- 5 grüne Oliven
- 1 EL Schnittlauch
- ¼ Zwiebel
- Salz, Pfeffer, Paprikapulver

Schnittlauch in feine Röllchen schneiden. Feta würfeln. Zwiebel und Bacon ebenfalls in Würfel schneiden. In eine Pfanne geben und anschwitzen. Wenn die Zwiebeln glasig sind, die Oliven hinzufügen und kurz mit anbraten.

Eier mit Salz, Pfeffer und Paprikapulver verquirlen. Die Eiermasse zu den anderen Zutaten geben und stocken lassen. Kurz bevor das Rührei fertig ist, die Feta-Würfel hinzugeben. Auf einem Teller anrichten und mit den Schnittlauchröllchen garnieren.

Nährwerte für 1 Portion	
Kalorien	557 kcal
Fett	43,0 g
Kohlenhydrate	5,9 g
Eiweiß	32,5 g

Rührei mit Champignons & Petersilie

Zutaten für 1 Portion:

- 3 Eier (M)
- 100 g Champignons, frisch
- 1 EL glatte Petersilie
- 1 EL Öl
- Salz, Pfeffer

Petersilie grob hacken. Die Champignons putzen und in Scheiben schneiden. In einer heißen Pfanne mit etwas Öl anbraten, bis die Champignons eine schöne braune Farbe haben.

Eier mit Salz und Pfeffer verquirlen und zu den Champignons geben. Stocken lassen und die gehackte Petersilie dazu geben. Auf eine Teller geben und genießen.

Nährwerte für 1 Portion	
Kalorien	357 kcal
Fett	25,6 g
Kohlenhydrate	3,9 g
Eiweiß	22,7 g

Käse-Rührei mit Mais

Zutaten für 1 Portion:

- 2 Eier (M)
- 1 EL Emmentaler, gerieben
- 1 EL Parmesan, gerieben
- ¼ Zwiebel
- 70 g Mais
- 1 EL Milch
- 1 TL Öl
- Salz, Pfeffer

Zwiebel schälen und fein würfeln. Mais in ein Sieb gießen und gut abtropfen lassen. Das Öl in einer Pfanne erhitzen und Zwiebelwürfel darin glasig andünsten. Eier, Milch, Salz und Pfeffer verquirlen. Den geriebenen Käse und den Mais dazu geben und miteinander vermengen.

Die Eiermasse in die Pfanne geben und unter Rühren zum Stocken bringen.

Nährwerte für 1 Portion	
Kalorien	397 kcal
Fett	25,3 g
Kohlenhydrate	12,2 g
Eiweiß	25,0 g

Karotten-Rührei mit Schinken

Zutaten für 1 Portion:

- 2 Eier (M)
- ½ Karotte
- 1 Scheibe gekochter Schinken
- 2 EL Milch
- 1 EL Schnittlauch
- ½ EL Öl
- Salz, Pfeffer

Möhren schälen und grob raspeln. Eier, Milch, Salz und Pfeffer verquirlen. Schnittlauch waschen, in Röllchen schneiden und die Hälfte zu der Eiermasse geben.

Den gekochten Schinken würfeln und in einer heißen Pfanne mit etwas Öl anbraten. Die geraspelten Karotten zugeben und kurz mit anschwitzen. Die Eiermasse hinzufügen und bei schwacher Hitze stocken lassen. Das fertige Rührei mit dem restlichen Schnittlauch betreuen und genießen.

Nährwerte für 1 Portion	
Kalorien	281 kcal
Fett	16,8 g
Kohlenhydrate	7,0 g
Eiweiß	21,1 g

Rührei nach „Türkischer Art“

Zutaten für 1 Portion:

- 1 Sucuk (Knoblauchwurst)
- 2 Eier (M)
- 1 kleine Tomate (50 g)
- 1 EL glatte Petersilie
- 1 TL Öl
- Salz, Pfeffer

Petersilie grob hacken. Sucuk und Tomaten in Würfel schneiden. Das Öl in einer Pfanne erhitzen, Tomaten- und Sucuk-Würfel darin anbraten, bis die Tomate etwas flüssig wird. Eier mit Salz und Pfeffer verquirlen und in die Pfanne geben. Das fertige Rührei auf einen Teller geben und mit der gehackten Petersilie garnieren.

Nährwerte für 1 Portion	
Kalorien	598 kcal
Fett	49,2 g
Kohlenhydrate	4,6 g
Eiweiß	31,4 g

Zucchini-Rührei mit Schinken

Zutaten für 1 Portion:

- 2 Eier (M)
- ½ Zwiebel
- 1 Scheibe gekochter Schinken
- ¼ Zucchini
- ½ Knoblauchzehe
- ½ Zweig Rosmarin
- ½ EL Parmesan, gerieben
- 1 EL Öl
- Salz, Pfeffer

Zwiebel und Schinken in feine Würfel schneiden. Öl in eine heiße Pfanne geben, Zwiebeln und Schinken darin glasig anschwitzen. Zucchini raspeln, Knoblauch und Rosmarin fein hacken und dazugeben. Für etwa 2 Minuten sanft braten.

Die Eier mit Salz und Pfeffer verquirlen, den Parmesan untermischen und in die Pfanne geben. Während des Stockens, regelmäßig umrühren. Auf einen Teller geben und genießen.

Nährwerte für 1 Portion	
Kalorien	339 kcal
Fett	21 g
Kohlenhydrate	7,1 g
Eiweiß	26,5 g

Rührei mit Krabben

Zutaten für 1 Portion:

- 2 Eier (M)
- 25 ml Milch
- ½ EL Schnittlauch
- 75 g Krabben
- ¼ TL Paprikapulver
- 1 TL Öl
- Salz, Pfeffer

Eier, Milch, Salz, Pfeffer und Paprikapulver verquirlen. Schnittlauch in feine Röllchen schneiden und zu der Eiermasse geben. Öl in eine heiße Pfanne geben und die Eiermasse darin stocken lassen. Wenn das Rührei halbfest ist, die Krabben untermischen und zu Ende garen.

Nährwerte für 1 Portion	
Kalorien	258 kcal
Fett	16,9 g
Kohlenhydrate	4,3 g
Eiweiß	30,3 g

Rührei mit „Biss“

Zutaten für 1 Portion:

- 2 Eier (M)
- ½ EL Kürbiskerne (15 g)
- ½ EL Sonnenblumenkerne (15 g)
- 1 ½ EL Milch (1,5 % Fett)
- 1 TL Öl
- Salz, Pfeffer

Kürbis- und Sonnenblumenkerne in einer heißen Pfanne ohne Fett rösten, bis sie anfangen zu duften. Auf einen Teller geben und abkühlen lassen. Eier, Milch, Salz und Pfeffer verquirlen. Die Kürbis- und Sonnenblumenkerne hinzufügen und vermengen. In einer heißen Pfanne mit etwas Öl langsam stocken lassen und dabei gelegentlich umrühren. Bis zur gewünschten Konsistenz garen und genießen.

Nährwerte für 1 Portion	
Kalorien	396 kcal
Fett	30,1 g
Kohlenhydrate	5,3 g
Eiweiß	22,4 g

Buntes Rührei

Zutaten für 1 Portion:

- 2 Eier (M)
- ½ Cabanossi
- ½ Zwiebel
- ½ grüne Paprika
- 2 rote Cherrytomaten
- 2 gelbe Cherrytomaten
- 1 kleine Knoblauchzehe
- 1 TL Öl
- Salz, Pfeffer

Würstchen in Scheiben schneiden. Die Zwiebel in kleine Würfel schneiden. Paprikas entkernen und in Streifen schneiden. Erneut alles umrühren. Tomaten waschen und vierteln. Knoblauch schälen und pressen.

Öl in eine heiße Pfanne geben, Würstchen und Zwiebeln hinein geben und anbraten. Die Tomaten und den Knoblauch hinzugeben und gut umrühren. Mit Salz und Pfeffer würzen und kurz weiter garen

Eier mit Salz und Pfeffer verquirle, zu den restlichen Zutaten geben und unter ständigem Rühren stocken lassen.

Nährwerte für 1 Portion	
Kalorien	496 kcal
Fett	37,9 g
Kohlenhydrate	8,2 g
Eiweiß	26,8 g

Spinat-Rührei mit Tomate

Zutaten für 1 Portion:

- 2 Eier (M)
- ½ Tomate
- 50 g feingeschnittener Blattspinat
- 1 ½ EL Milch

- 1 TL Butter
- Salz, Pfeffer

Die Tomate waschen, vierteln, entkernen und das Fruchtfleisch in kleine Würfel schneiden. Eier, Milch, Salz und Pfeffer verquirlen. Tomatenwürfel und den gehackten Spinat unterrühren. Die Butter in eine heiße Pfanne geben, die Eiermasse hineingießen und bei mittlerer Hitze stocken lassen. Immer wieder leicht rühren und bis zur gewünschten Konsistenz garen.

Nährwerte für 1 Portion	
Kalorien	239 kcal
Fett	15,8 g
Kohlenhydrate	4,3 g
Eiweiß	15,6 g

Käse-Rührei mit Speck

Zutaten für 1 Portion:

- 2 Eier (M)
- 1 Scheibe mittelalter Gouda
- 1 EL Schnittlauch
- 2 Scheiben Frühstücksspeck
- 2 EL Milch

- Salz, Pfeffer

Den Gouda in kleine Würfel schneiden. Schnittlauch waschen, trocken tupfen und in Röllchen schneiden. Eier, Milch, Salz und Pfeffer verquirlen, ½ EL Schnittlauch und Käse dazu geben und gut verrühren. Die Speckscheiben halbieren und in einer Pfanne ohne Fett knusprig braten. Aus der Pfanne nehmen. Die Eiermasse in die Pfanne gießen und bei mittlerer Hitze stocken lassen. Speck auf dem Rührei anrichten und mit restlichem Schnittlauch bestreuen.

Nährwerte für 1 Portion	
Kalorien	411 kcal
Fett	31,1 g
Kohlenhydrate	2,9 g
Eiweiß	26,6 g

Rührei mit getrockneten Tomaten & Oliven

Zutaten für 1 Portion:

- 2 Eier (M)
- 3 EL Milch
- 4 getrocknete Tomaten (in Öl)
- 4 grüne Oliven (ohne Stein)
- 2 TL Öl

- Salz, Pfeffer

Tomaten abtropfen lassen und in Streifen schneiden. Oliven in Scheiben schneiden. Eier, Milch, Salz und Pfeffer verquirlen. Öl in einer Pfanne erhitzen, Eiermasse, Tomaten und Oliven in die Pfanne geben und stocken lassen. Bis zur gewünschten Konsistenz garen.

Nährwerte für 1 Portion	
Kalorien	298 kcal
Fett	20,4 g
Kohlenhydrate	8,0 g
Eiweiß	16,0 g

Tomate-Mozzarella-Rührei mit Basilikum

Zutaten für 1 Portion:

- 2 Eier (M)
- ½ Tomate
- 50 g Mozzarella
- ½ EL Basilikum
- 1 EL Olivenöl
- Salz, Pfeffer

Tomate in Würfel schneiden. Mozzarella in kleine Stücke schneiden oder zupfen. Basilikum waschen und fein hacken. Eier mit Salz verquirlen.

Öl in einer Pfanne erhitzen, die Eiermasse hineingeben und stocken lassen. Kurz bevor das Rührei fertig ist, die Tomaten und den Käse dazugeben und durchrühren. Auf einen Teller geben, mit dem gehackten Basilikum bestreuen und mit frisch gemahlenem, schwarzem Pfeffer würzen.

Nährwerte für 1 Portion	
Kalorien	395 kcal
Fett	30,1 g
Kohlenhydrate	4,4 g
Eiweiß	22,4 g

Rezept-Ideen für Omelett

Pfifferlings-Omelett

Zutaten für 1 Portion:

- 2 Eier (M)
- 125 g Pfifferling
- ½ Frühlingszwiebeln
- 1 TL Butter
- 1 ½ EL Milch
- 10 g Parmesan, gerieben
- Salz, Pfeffer

Die Pfifferlinge putzen, ggf. halbieren. Frühlingszwiebeln waschen und schräg in feine Scheiben schneiden. In einer Pfanne die Butter schmelzen, Pfifferlinge und Frühlingszwiebeln darin etwa 5-8 Minuten anbraten, mit Salz und Pfeffer würzen und beiseite stellen.

Eier, Milch, Parmesan, Salz und Pfeffer verquirlen. In die noch fettige Pfanne geben. Die Pfifferlinge darauf geben und stocken lassen. Das gestockte Omelett mit Hilfe eines Pfannenwenders einmal umklappen, auf einen Teller geben und genießen.

Nährwerte für 1 Portion	
Kalorien	310 kcal
Fett	22,1 g
Kohlenhydrate	4,7 g
Eiweiß	19,6 g

Omelett mit Kräuterquark & Tomaten

Zutaten für 1 Portion:

- 2 Eier (M)
- ½ Frühlingszwiebel
- 1 EL Petersilie, gehackt
- 2 EL Milch
- 1 TL Butter
- 4 Cocktailtomaten
- 125 g Magerquark

- 1 Spritzer Zitronensaft
- Salz, Pfeffer

Frühlingszwiebeln putzen, waschen und in feine Ringe schneiden. Die Petersilie fein hacken. Eier, Milch, Salz und Pfeffer verquirlen. Die Hälfte der Frühlingszwiebeln und der Petersilie unterheben.

Die Tomaten waschen und vierteln. Den Quark mit dem Zitronensaft verrühren, die restlichen Frühlingszwiebeln und die restliche Petersilie untermischen, mit Salz und Pfeffer würzen.

Die Butter in einer Pfanne zerlassen, die Eiermasse hineingeben und stocken lassen. Das fertige Omelett auf einen Teller geben, mit Quark und Tomaten füllen, zusammenklappen und genießen.

Nährwerte für 1 Portion	
Kalorien	360 kcal
Fett	19,4 g
Kohlenhydrate	12,1 g
Eiweiß	29,8 g

Knoblauch-Omelett

Zutaten für 1 Portion:

- 2 Eier (M)
- 1 kleine Knoblauchzehe
- ½ rote Chilischote
- 1 EL glatte Petersilie, gehackt
- 2 EL Grana Padano, gerieben
- 2 EL Sahne
- 2 TL Öl
- Salz, Pfeffer

Eier mit Sahne, Salz und Pfeffer verquirlen. Den Knoblauch fein hacken, die Chilischote entkernen und in feine Ringe schneiden. Öl in einer Pfanne erhitzen, den Knoblauch und die Chilischote darin anbraten, die gehackte Petersilie untermischen und mit der Eiermasse aufgießen.

Bei mittlerer Hitze stocken lassen, mit dem geriebenen Grana Padano bestreuen und weitere 2-3 Minuten garen. Das fertige Omelett auf einen Teller geben und genießen.

Nährwerte für 1 Portion	
Kalorien	467 kcal
Fett	37,7 g
Kohlenhydrate	4,7 g
Eiweiß	24,4 g

Zwiebel-Omelett mit Oliven

Zutaten für 1 Portion:

- 2 Eier (L)
- 1 ½ EL Milch
- ½ EL geriebener Parmesan
- ½ EL gehackter Basilikum
- 4 schwarze Oliven, fein gehackt
- ¼ rote Zwiebel
- ½ EL Olivenöl
- Salz, Pfeffer

Eier mit Milch, Salz, Pfeffer, Parmesan und Basilikum verrühren. Die Zwiebel schälen und in feine Streifen schneiden.

Das Olivenöl in einer großen Pfanne sanft erhitzen. Die Zwiebeln und die Oliven darin sanft anbraten. Salzen und pfeffern. Die Eier dazu gießen und gleichmäßig in der Pfanne verteilen. Bei milder Hitze stocken lassen. Das Omelett wenden und die andere Seite ebenfalls stocken lassen. Eingerollt und lauwarm servieren.

Nährwerte für 1 Portion	
Kalorien	361 kcal
Fett	28,3 g
Kohlenhydrate	4,9 g
Eiweiß	19,6 g

Apfel-Omelett mit Minze & Zimt

Zutaten für 1 Portion:

- 2 Eier (M)
- ½ Apfel
- 2 EL Mineralwasser
- 1 TL frische Minze, gehackt
- 1 Prise Zimt
- Salz
- Süßstoff oder Stevia nach Belieben

Die Eier mit dem Mineralwasser, der gehackten Minze, Zimt, Salz und Stevia verquirlen. Die Mitte des halben Apfels ausschneiden (Kerngehäuse entfernen, die Apfelhälfte aber ganz lassen) und anschließend in dünne Scheibe schneiden.

Das Öl in einer Pfanne erhitzen, die Apfelscheiben auf dem Boden der Pfanne gleichmäßig verteilen und kurz anbraten, bis sie leicht gebräunt sind. Die Eiermasse darüber gießen und stocken lassen. Ist das Omelett einigermaßen fest, vorsichtig wenden und für weitere 2-3 Minuten garen. Auf einen Teller geben und genießen.

Nährwerte für 1 Portion	
Kalorien	208 kcal
Fett	10,4 g
Kohlenhydrate	10,2 g
Eiweiß	13,6 g

Omelett mit Frischkäse & Lachs

Zutaten für 1 Portion:

- 2 Eier (M)
- 100 g körniger Frischkäse
- 30 g Räucherlachs
- 20 g Kresse
- 2 EL Mineralwasser
- ½ TL Öl
- Salz, Pfeffer

Eier mit Mineralwasser, Salz und Pfeffer verquirlen. In einer mit Öl ausgepinselten Pfanne zum Omelett garen. Mit dem körnigen Frischkäse bestreichen, den Lach darauf verteilen und mit Kresse bestreuen. Aufrollen, in Röllchen schneiden und genießen.

Nährwerte für 1 Portion	
Kalorien	364 kcal
Fett	23,1 g
Kohlenhydrate	3 g
Eiweiß	32,6 g

Tomaten-Mozzarella-Omelett mit Schinken

Zutaten für 1 Portion:

- 2 Eier (M)
- 50 g Kochschinken
- ½ Mozzarella
- 1 kleine Tomate (50 g)
- 50 ml Sahne
- 1 EL gehackte Petersilie
- 1 kleine Knoblauchzehe
- 1-2 TL Öl
- Salz, Pfeffer, Muskat

Den gekochten Schinken in Würfel schneiden, Tomate vierteln, entkernen und ebenfalls vierteln. Den Mozzarella in kleine Stücke zupfen. Den Knoblauch pressen und zusammen mit den Eiern, der Sahne, der Petersilie, Salz, Pfeffer und Muskat verquirlen.

Das Öl in einer Pfanne erhitzen und die Eiermasse hinzufügen. Bei mittlerer Hitze stocken lassen. Vor dem Wenden das Omelett mit dem gekochten Schinken, den Tomatenwürfeln und dem Mozzarella belegen. Omelett wenden und zu Ende garen, auf einen Teller geben und genießen.

Statt gekochtem Schinken kann hier z. B. auch geräucherter Schinken wie Schwarzwälder Schinken oder auch Serano Schinken verwendet werden. Beides ist eine leckere Alternative.

Nährwerte für 1 Portion	
Kalorien	627 kcal
Fett	48,8 g
Kohlenhydrate	7,6 g
Eiweiß	35,8 g

Mexikanisches-Omelett

Zutaten für 1 Portion:

- 2 Eier (M)
- 2 EL Mais (Texas Mix)
- 30 g TK Erbsen
- ½ Cabanossi (75 g)
- 1 EL Petersilie, gehackt
- 2 EL Milch (1,5 % Fett)
- 1 EL Öl
- Salz, Pfeffer, Muskat, Tabasco

Die Eier mit der Milch, Salz, Pfeffer, Muskat und Tabasco verquirlen. Den Mais abtropfen lassen. Cabanossi der Länge nach vierteln und in Scheiben schneiden. Die Petersilie grob hacken.

Das Öl in einer Pfanne erhitzen, die Cabanossi, den Mais und die Erbsen hinzugeben und anbraten. Wenn die Cabanossi anfängt zu Bräunen, die Eiermasse hinzufügen, mit der gehackten Petersilie bestreuen und bei mittlerer Hitze bis zur gewünschten Konsistenz stocken lassen. Auf einen Teller geben und genießen.

Nährwerte für 1 Portion	
Kalorien	561 kcal
Fett	43,7 g
Kohlenhydrate	9,5 g
Eiweiß	28,4 g

Omelett mit Frühstücksspeck und Tomate

Zutaten für 1 Portion:

- 2 Eier (M)
- 4 Scheiben Frühstücksspeck (Bacon)
- 1 Tomate
- 2 EL Sahne
- 1 EL Schnittlauch, in Röllchen
- Salz, Pfeffer

Tomate waschen und in Scheiben schneiden. Eier mit Sahne, Salz, Pfeffer und Schnittlauch verquirlen. Den Frühstücksspeck in einer heißen Pfanne knusprig anbraten, heraus nehmen und auf einem Küchenpapier abtropfen lassen.

Die Eiermasse in die noch heiße Pfanne geben und bei mittlere Hitze stocken lassen. Vor dem Wenden die Tomatenscheiben auf das Omelett geben. Den Frühstücksspeck auf eine Hälfte des Omeletts geben, zusammen klappen, auf einen Teller geben und genießen.

Nährwerte für 1 Portion	
Kalorien	422 kcal
Fett	34,9 g
Kohlenhydrate	4,1 g
Eiweiß	19,5 g

Zucchini-Käse-Omelett

Zutaten für 1 Portion:

- 2 Eier (M)
- ½ kleine Zucchini
- 25 g Edamer, gerieben
- 2 EL Milch (1,5 % Fett)
- ½ EL gehackte Petersilie
- 1 EL Öl
- Salz, Pfeffer evtl. Muskat

Eier mit Milch, Petersilie, Salz und Pfeffer verquirlen. Die Zucchini waschen, die Enden entfernen und in feine Stifte schneiden. Öl in einer Pfanne erhitzen, die Zucchini-Stifte hinzugeben und goldbraun anbraten. Hat die Zucchini eine schöne Farbe, die Eiermasse dazugeben, mit Käse bestreuen und stocken lassen. Das Omelett wenden und bis zur gewünschten Bräune garen.

Nährwerte für 1 Portion	
Kalorien	627 kcal
Fett	48,8 g
Kohlenhydrate	7,6 g
Eiweiß	35,8 g

Räucherlachs-Omelett

Zutaten für 1 Portion:

- 2 Eier (L)
- 75 g Räucherlachs
- ½ EL Creme fraiche
- ½ EL Schnittlauch, in Röllchen
- 1 EL Öl
- Salz, Pfeffer

Den Räucherlachs in Streifen schneiden. Eier mit Creme fraiche, Salz, Pfeffer und Schnittlauch verquirlen. Öl in einer Pfanne erhitzen, die Eiermasse hineingeben und bei mittlerer Hitze für etwa 2 Minuten stocken lassen.

Anschließend die Räucherlachstreifen auf dem Omelett verteilen, und für ca. weitere 4 Minuten garen. Auf einen Teller geben und genießen.

Nach Belieben kann das fertige Omelett auch mit etwas Meerrettich bestrichen werden.

Nährwerte für 1 Portion	
Kalorien	447kcal
Fett	33,8 g
Kohlenhydrate	2,3 g
Eiweiß	29,7 g

Pizza-Omelett mit Thunfisch

Zutaten für 1 Portion:

- 2 Eier (M)
- ½ Dose Thunfisch (im eigenen Saft)
- ½ Zwiebel
- 50 g Gouda, gerieben
- 3 EL passierte Tomaten
- 2 EL Milch (1,5 % Fett)
- 1 EL Öl

- Salz, Pfeffer, Oregano
- Stevia oder Süßstoff nach Belieben

Die Eier mit Milch, Salz und Pfeffer verquirlen. Thunfisch abtropfen lassen. Die Zwiebel in feine Streifen schneiden. Passierte Tomaten mit Salz, Pfeffer und ggf. etwas Stevia oder Süßstoffe abschmecken.

Öl in einer Pfanne erhitzen, die Eiermasse hinein geben und leicht stocken lassen. Ist die Masse schon einigermaßen fest, die passierten Tomaten darauf verteilen.

Mit Thunfisch und Zwiebeln belegen, mit dem geriebenen Käse und Oregano bestreuen und zu Ende garen, bis die gewünschte Konsistenz erreicht ist und der Käse geschmolzen ist. Auf einen Teller geben und servieren.

Nährwerte für 1 Portion	
Kalorien	551 kcal
Fett	34,5 g
Kohlenhydrate	9,1 g
Eiweiß	47,1 g

Ziegenkäse-Walnuss-Omelett

Zutaten für 1 Portion:

- 2 Eier (M)
- 50 g Ziegen-Weichkäse (Rolle)
- 1 EL gehackte Walnuss-Kerne
- ½ rote Zwiebel
- ½ Lauchzwiebel
- 2 EL Milch (1,5 % Fett)
- 1 EL Öl
- Salz, Pfeffer

Die Eier mit Milch, Salz und Pfeffer verquirlen. Zwiebel in feine Streifen schneiden, Lauchzwiebel putzen und in feine Ringe schneiden. Den Ziegenkäse in Scheiben schneiden.

Die Walnuss-Kerne in einer heißen Pfanne ohne Fett rösten, herausnehmen und zur Seite stellen. Öl in die Pfanne geben, Zwiebel und Lauchzwiebel dazu geben, anschwitzen und herausnehmen. Nun die Eiermasse in die noch fettige Pfanne gießen und zugedeckt etwa 5 Minuten stocken lassen.

Das fertige Omelett herausnehmen, halbseitig mit der Zwiebelmischung und dem Ziegenkäse belegen, mit den gerösteten Walnuss-Kernen bestreuen und zusammengeklappt genießen.

Nährwerte für 1 Portion	
Kalorien	540 kcal
Fett	43,6 g
Kohlenhydrate	7,5 g
Eiweiß	25,7 g

Chili-Omelett mit Garnelen

Zutaten für 1 Portion:

- 2 Eier (M)
- 6 Garnelen
- ½ rote Chilischote
- ½ Knoblauchzehe
- ½ Frühlingszwiebel
- 5 g Ingwer, frisch
- 2 EL Sahne
- ½ EL Soja-Soße
- ½ EL Limettensaft
- 1 EL Öl
- Salz, Pfeffer

Die Eier mit der Sahne, Salz und Pfeffer verquirlen. Chili in feine Ringe schneiden, Knoblauch in dünne Scheiben schneiden, Ingwer schälen und ebenfalls in dünne Scheiben schneiden. Die Frühlingszwiebel putzen und in feine Ringe schneiden. Garnelen der Länge nach halbieren.

Das Öl in einer Pfanne erhitzen, Chili, Knoblauch und Ingwer bei mittlerer Hitze etwa 2-3 Minuten glasig dünsten. Anschließend die Hitze erhöhen, die Garnelen zugeben und 1-2 Minuten braten.

Zum Schluss die Frühlingszwiebeln zugeben, kurz mit andünsten und mit Sojasauce und Limettensaft ablöschen. Die Eiermasse über die Garnelen-Mischung gießen und etwa 8-10 Minuten stocken lassen, auf einen Teller geben und genießen.

Anstellen von Garnelen kann hier als leckere Alternative auch Fisch oder Hähnchenbrustfilet verwendet werden. Beides schmeckt mit den vorgegebenen Zutaten auch sehr lecker.

Nährwerte für 1 Portion	
Kalorien	370 kcal
Fett	28,5 g
Kohlenhydrate	5,9 g
Eiweiß	19,1 g

Quark-Omelett mit Erdbeeren

Zutaten für 1 Portion.

- 2 Eier (M)
- 2 EL Quark (20 % Fett)

- 2 EL Creme fraiche
- 50 g Erdbeeren, frisch
- 2 EL Milch (1,5 % Fett)
- 1 EL Öl
- Stevia, Süßstoff nach Belieben
- Salz

Die Erdbeeren wachen, säubern und vierteln. Creme fraiche in einer kleinen Schüssel mit Stevia und einer Prise Salz verrühren. Die Eier mit Milch, Quark, Stevia und Salz verquirlen.

Öl in einer Pfanne erhitzen, die Eiermasse hineingeben und stocken lassen. Vorsichtig wenden und noch einmal für 1-2 weiter garen. Das fertige Omelett auf einen Teller geben, Creme fraiche darauf verteilen, die Erdbeeren auf das Creme fraiche geben und genießen.

Nährwerte für 1 Portion	
Kalorien	408 kcal
Fett	31,8 g
Kohlenhydrate	7,6 g
Eiweiß	20,0 g

Omelett mit Brunnenkresse & Tomaten

Zutaten für 1 Portion:

- 2 Eier (M)
- 4 Cocktailtomaten
- 2 EL Brunnenkresse, gehackt
- ½ rote Zwiebel
- 2 EL Milch (1,5 % Fett)
- 1 EL Öl
- Salz, Pfeffer

Die Eier mit Milch, Salz und Pfeffer verquirlen. Die Tomaten waschen und halbieren. Zwiebel in feine Streifen schneiden. Öl in einer Pfanne erhitzen, Zwiebel darin glasig dünsten, die Tomaten hinzugeben und mit Salz und Pfeffer würzen.

Die gehackte Brunnenkresse dazu geben, kurz mit andünsten und mit der Eiermasse auffüllen. Bei mittlerer Hitze etwa 5 Minuten stocken lassen, auf einen Teller geben und genießen.

Nährwerte für 1 Portion	
Kalorien	288 kcal
Fett	20,8 g
Kohlenhydrate	6,8 g
Eiweiß	15,1 g

Spinat-Omelett mit Ziegenkäse

Zutaten für 1 Portion:

- 2 Eier (M)
- 50 g Babyspinat, frisch
- 4 Cocktailtomaten
- 2 EL Ziegenkäse, gerieben
- ½ Knoblauchzehe
- 2 EL Milch (1,5 % Fett)
- 1 EL Öl
- Salz, Pfeffer

Knoblauch pressen. Tomaten waschen und halbieren. Den Babyspinat waschen und trockenen. Die Eier mit Milch, Knoblauch, Salz und Pfeffer verquirlen. Öl in einer Pfanne erhitzen, die Eiermasse hineingeben und stocken lassen. Wenn das Omelett einigermaßen fest ist, vorsichtig wenden. Die Tomaten und den Babyspinat auf dem Omelett verteilen und mit dem Ziegenkäse bestreuen. Zugedeckt etwa 2-3 Minuten weiter garen, auf einen Teller geben und genießen.

Nährwerte für 1 Portion	
Kalorien	399 kcal
Fett	30,1 g
Kohlenhydrate	6,6 g
Eiweiß	22,3 g

Camembert-Omelett mit Oliven & Kirschtomaten

Zutaten für 1 Portion:

- 2 Eier (M)
- 60 g Camembert
- 20 g schwarze Oliven, ohne Stein
- 50 g Kirschtomaten
- 2 EL Milch (1,5 % Fett)
- 1 EL Öl
- Muskat, Thymian, Salbei, Rosmarin
- Salz, Pfeffer

Die Eier mit Milch, Salz, Pfeffer, Muskat, Thymian, Salbei und Rosmarin verquirlen. Tomaten waschen und halbieren. Oliven in Scheiben schneiden. Den Camembert in Scheiben schneiden, anschließend nochmal halbieren.

Das Öl in einer Pfanne erhitzen, Tomaten und Oliven hinein geben und kurz anbraten. Die Eiermasse dazu geben, mit Camembert belegen und zugedeckt, bei mittlerer Hitze etwa 10 Minuten stocken lassen.

Nährwerte für 1 Portion	
Kalorien	529 kcal
Fett	43,7 g
Kohlenhydrate	4,9 g
Eiweiß	26,9 g

Basilikum- Omelett mit Feta

Zutaten für 1 Portion:

- 3 Eier (M)
- 5 g Basilikum
- 20 g rote Zwiebel
- 50 g Feta-Käse
- 1 EL Sahne
- 2 TL Öl
- Salz, Pfeffer

Die Eier mit der Sahne verquirlen und mit Salz und Pfeffer würzen. Zwiebel in feine Ringe schneiden, Basilikum grob hacken. Den Feta-Käse mit den Fingern zerbröckeln.

Öl in einer Pfanne erhitzen, Eier hineingeben und bei mittlerer Hitze stocken lassen. Das fertige Omelett mit Zwiebeln, gehacktem Basilikum und Feta belegen, in der Mitte falten und genießen.

Nährwerte für 1 Portion	
Kalorien	348 kcal
Fett	28,7 g
Kohlenhydrate	2,6 g
Eiweiß	20,7 g

Omelett „Asia Style"

Zutaten für 1 Portion:

- 2 Eier (M)
- 100 g Garnelen, küchenfertig
- ½ Lauchzwiebel
- 1 Knoblauchzehe
- ½ TL Currypulver
- 1 ½ EL Sojasoße
- 2 TL Sesam, geröstet
- 2 EL Milch (1,5 % Fett)
- 50 ml Wasser
- 1 EL Sesam Öl
- 1 EL Öl
- 1 TL Birkenzucker
- Zitronengras (Pulver), Chilipulver
- Salz, Pfeffer

Lauchzwiebel putzen und in feine Ringe schneiden. Knoblauch fein hacken. Die Eier mit Milch, Salz und Curry verquirlen.

Das Sesam Öl in einer Pfanne erhitzen, die Garnelen, die Lauchzwiebeln und den Knoblauch hinzugeben und anbraten. Mit Wasser und Sojasoße ablöschen und mit Zitronengras, dem Birkenzucker und Chili würzen (ggf. nochmal etwas Salz zugeben). Herausnehmen und zur Seite stellen.

Öl in die Pfanne geben, die Eiermasse hinzufügen und bei mittlere Hitze stocken lassen. Das fertige Omelett auf einen Teller geben, halbseitig mit der Garnelen-Mischung belegen und mit Sesam bestreuen. Zusammenklappen und genießen.

Nährwerte für 1 Portion	
Kalorien	559kcal
Fett	38,2 g
Kohlenhydrate	8,2 g
Eiweiß	39,8 g

Rezept-Ideen für Müsli, Puddings & Quarkspeisen

Schnelles Müsli mit Blaubeeren

Zutaten für 1 Portion:

- 5 EL Magerquark
- 25 g Blaubeeren
- 2 TL Leinsamen
- 15 Mandeln, gehackt
- 2 EL Wasser

- Süßstoff nach Bedarf

Den Quark mit Wasser zu einer cremigen Masse verrühren. Leinsamen dazugeben und etwa 10 Minuten quellen lassen. Anschließend die gehackten Mandeln unterheben und nach Bedarf süßen.

Nährwerte für 1 Portion	
Kalorien	285 kcal
Fett	11,8 g
Kohlenhydrate	10,7 g
Eiweiß	30,2 g

Kokos-Grapefruit-Quark

Zutaten für 1 Portion:

- 125 g Magerquark
- 1 Orange
- ½ Grapefruit
- 10 g Kokosraspeln
- ¼ EL Apfeldicksaft

Den Quark mit dem Apfeldicksaft und der Hälfte der Kokosraspel verrühren. Die Orange und die halbe Grapefruit schälen, filetieren und den Saft dabei auffangen. Den aufgefangen Saft unter den Quark rühren, die Zitrusfrüchte auf dem Quark verteilen und mit den restlichen Kokosraspeln bestreuen.

Nährwerte für 1 Portion	
Kalorien	68 kcal
Fett	1,75 g
Kohlenhydrate	6,5 g
Eiweiß	5 g

Mango-Heidelbeer-Müsli mit Quark

Zutaten für 1 Portion:

- 125 g Magerquark
- 25 g Mango
- 25 g Blaubeeren
- 1 EL Leinsamen (geschrotet)
- 15 g Walnusskerne
- 2-3 EL Wasser

Den Quark mit Wasser glattrühren. Das Mango-Fruchtfleisch in Würfel schneiden. Walnusskerne grob hacken. Alles miteinander vermengen und genießen

Nährwerte für 1 Portion	
Kalorien	243,4 kcal
Fett	12 g
Kohlenhydrate	11,8 g
Eiweiß	22 g

Chia-Kokos-Pudding mit Ananas

Zutaten für 1 Portion:

- 200 ml Kokosmilch
- 50 g Ananas
- ½ EL Chia Samen
- 1 TL Kokosraspeln

Die Chia Samen mit der Kokosmilch verrühren und über Nacht zum Quellen in den Kühlschrank stellen. Am nächsten Morgen die Anans in kleine Stücke schneiden, und zusammen mit den Kokosraspeln unter den Chia-Pudding heben.

Nährwerte für 1 Portion	
Kalorien	525 kcal
Fett	50 g
Kohlenhydrate	15,8 g
Eiweiß	3,7 g

Buntes Früchte-Müsli

Zutaten für 1 Portion:

- 30g Eiweißpulver, Vanille
- 3 EL Magerquark
- 4 EL Wasser
- 1 TL Flohsamenschalen
- ½ Vanilleschote
- 2 EL Walnuss-Kerne, gehackt
- 1 EL Sojaflocken
- ½ Kiwi
- ¼ Apfel
- 3 Erdbeeren
- Süßstoff nach Bedarf

Kiwi schälen, in Scheiben schneiden und die Scheiben nochmals vierteln. Erdbeeren putzen und vierteln. Apfel in kleine Würfel schneiden.

Den Quark mit dem Wasser, den Flohsamenschalen, dem Vanillemark und den Sojaflocken verrühren. Für etwa 15-30 Minuten in den Kühlschrank stellen.

Nach Belieben mit Stevia oder Süßstoff süßen, das Obst und die gehackten Walnüsse dazu geben und gut verrühren.

Nährwerte für 1 Portion	
Kalorien	444 kcal
Fett	21,5 g
Kohlenhydrate	15,5 g
Eiweiß	42,3 g

Melonen-Quark mit Mandeln & Karotte

Zutaten für 1 Portion:

- 50 g Magerquark
- 50 g körniger Frischkäse
- 50 g Mascarpone
- 50 g Honigmelone
- 1 kleine Karotte (50 g)
- 1 EL Mandelstifte
- 2 EL Milch
- 1 Prise Salz
- Stevia oder Süßstoff nach Belieben

Die Karotten raspeln. Die Melone von der Schale befreien und in kleine Würfel schneiden. Den Quark mit Milch, Frischkäse, Mascarpone, einer Prise Salz und ggf. etwas Stevia oder Süßstoff glatt rühren. Die geraspelte Karotte, die Melone und die Mandelstifte hinzugeben und gut verrühren.

Nährwerte für 1 Portion	
Kalorien	417 kcal
Fett	29,3 g
Kohlenhydrate	15,6 g
Eiweiß	20,4 g

Flohsamen-Müsli mit Pfirsich & Vanille

Zutaten für 1 Portion:

- 2 TL Flohsamenschalen
- 50 g Eiweißpulver, neutral
- 8 EL Wasser
- 1 Msp. echte Vanille
- ½ Pfirsich
- Stevia oder Süßstoff nach Belieben

Den Pfirsich entsteinen und in kleine Würfel schneiden. Die Flohsamenschalen mit dem Eiweißpulver, der Vanille und dem Wasser verrühren. Nach Belieben mit Stevia oder Süßstoff süßen. Für mindestens 30 Minuten in den Kühlschrank stellen, anschließend mit dem Pfirsich vermengen und genießen.

Nährwerte für 1 Portion	
Kalorien	234 kcal
Fett	2,6 g
Kohlenhydrate	8,5 g
Eiweiß	40,7 g

Knuspermüsli mit roten Johannisbeeren

Zutaten für 1 Portion:

- 30 g gehackte Walnüsse
- 30 g gehackte Mandeln
- 2 EL Leinsamen
- 1 EL Kokosflocken
- 50 g rote Johannisbeeren
- 100 g Magerquark
- 2 EL Milch
- Stevia, Süßstoff, Xucker etc. nach Belieben

Die Johannisbeeren waschen und von der Rispe ziehen. Die Walnüsse, Mandeln, Leinsamen und Kokosflocken in eine Schüssel geben und miteinander vermengen. Quark und Milch miteinander cremig rühren und zu den Nüssen geben. Zum Schluss die Johannisbeeren unterheben und genießen.

Nährwerte für 1 Portion	
Kalorien	706 kcal
Fett	54,8 g
Kohlenhydrate	13,2 g
Eiweiß	32,7 g

Schokoladen-Chia-Pudding

Zutaten für 1 Portion:

- 1 EL Chia Samen
- 75 ml Mandelmilch
- 50 ml Kokosmilch
- ¾ EL Kakaopulver
- 1 TL Eiweißpulver, neutral
- Stevia oder Süßstoff nach Belieben

Alle Zutaten mit einem Blender oder Pürierstab kräftig pürieren. Nach Geschmack mit Stevia oder Süßstoff süßen und für ca. 20 Minuten (am besten über Nacht) in den Kühlschrank stellen. Danach gut durchmischen.

Nährwerte für 1 Portion	
Kalorien	240 kcal
Fett	17,7 g
Kohlenhydrate	4,7 g
Eiweiß	9,3 g

Himbeer-Joghurt mit Pinienkernen & Walnüssen

Zutaten für 1 Portion:

- 150 g Soja Natur-Joghurt
- 50 g Himbeeren
- 20 g Pinienkerne
- 30 g gehackte Walnuss-Kerne
- 2 EL Milch
- 1 Prise Salz
- Stevia oder Süßstoff nach Belieben

Den Joghurt mit der Milch, einer Prise Salz und ggf. etwas Stevia oder Süßstoff verrühren. Pinienkerne und Walnüsse in einer heißen Pfanne ohne Fett rösten, herausnehmen und abkühlen lassen.

Die Himbeeren mit einer Gabel zerdrücken oder kurz pürieren. Anschließen zusammen mit den gerösteten Pinienkernen und Walnüssen unter den Quark heben und genießen.

Nährwerte für 1 Portion	
Kalorien	446 kcal
Fett	35,2 g
Kohlenhydrate	11,7 g
Eiweiß	14,7 g

Sojaflocken-Müsli mit Kokos & Erdbeeren

Zutaten für 1 Portion:

- 5 EL Sojaflocken
- 1 EL Kokosraspeln
- 50 g Erdbeeren
- 150 ml Mandelmilch
- ½ Vanilleschote
- Stevia oder Süßstoff nach Belieben

Am Vorabend die Sojaflocken mit den Kokosraspeln, dem Vanillemark, ggf. etwas Stevia oder Süßstoff und der Milch verrühren. Über Nacht in den Kühlschrank stellen. Am nächsten Morgen dann die Erdbeeren säubern, vierteln und zu dem Müsli geben. Gut durchrühren und genießen.

Nährwerte für 1 Portion	
Kalorien	299 kcal
Fett	18,4 g
Kohlenhydrate	6,2 g
Eiweiß	22,1 g

Kerniges „Power-Müsli"

Zutaten für 1 Portion:

- 2 EL Mandeln, gehackt
- 2 EL Kürbiskerne
- 2 EL Walnuss-Kerne, gehackt
- 1 EL Sonnenblumenkerne
- ½ EL Chia Samen
- 1 TL Flohsamenschalen
- 150 ml Milch (1,5 % Fett)
- Stevia oder Süßstoff nach Belieben

Mandeln, Kürbiskerne, Walnusskerne und die Sonnenblumenkerne in einer heißen Pfanne ohne Fett rösten. Herausnehmen und abkühlen lassen. Milch in eine Schüssel geben, Chia Samen und Flohsamenschalen einrühren und ca. 15-20 quellen lassen. Anschließend die „Nuss-Mischung" hinzufügen, nach Belieben süßen und genießen.

Nährwerte für 1 Portion	
Kalorien	721 kcal
Fett	58,6 g
Kohlenhydrate	10,7 g
Eiweiß	28,1 g

Hüttenkäse-Müsli mit Apfel & Blaubeeren

Zutaten für 1 Portion:

- 200 g Hüttenkäse
- ¼ Apfel
- 50 g Blaubeeren
- 1 EL Leinsamen, geschrotet
- 1 EL Mandeln, gehackt
- 1 EL Kürbiskerne
- 1 EL Sonnenblumenkerne

Den Apfel in kleine Würfel schneiden. Alle Zutaten miteinander vermengen und nach Belieben mit Stevia oder Süßstoff süßen.

Nährwerte für 1 Portion	
Kalorien	564 kcal
Fett	32,7 g
Kohlenhydrate	16,5 g
Eiweiß	42,8 g

Rezept-Ideen für Frühstücks-Smoothies & Shakes

Ananas-Mandel-Smoothie mit Buttermilch

Zutaten für 1 Portion:

- 100 ml Buttermilch
- 100 ml Wasser
- 30 g Ananas
- 20 g Mandeln
- 1 Spritzer Zitronensaft
- Süßstoff nach Belieben

Alle Zutaten einfach in einen Mixer geben und ca. 1-2 Minuten fein pürieren. Super schnelles Trink-Frühstück.

Nährwerte für 1 Portion	
Kalorien	169,5 kcal
Fett	11,2 g
Kohlenhydrate	8,3 g
Eiweiß	7,8 g

Schokoladen-Protein-Shake

Zutaten für 1 Portion:

- 300 ml Mandelmilch
- 50 g Mascarpone
- 2 EL Eiweißpulver, Schokolade
- 1 TL Kakao (ungesüßt)
- ½ Avocado (125 g)
- 2-3 Eiswürfel
- Stevia, Süßstoff, Xucker etc. nach Belieben

Die Avocado vom Kern befreien und das Fruchtfleisch mit einem Löffel auslösen. In Würfel schneiden und zusammen mit den restlichen Zutaten in einen Mixer geben. Für etwa 2 Minuten schön schaumig pürieren, in ein Glas füllen und genießen.

Nährwerte für 1 Portion	
Kalorien	488 kcal
Fett	38,3 g
Kohlenhydrate	7,3 g
Eiweiß	24,5 g

Mango-Melonen-Smoothie

Zutaten für 1 Portion:

- 2 EL gemahlene Mandeln
- 50 g Cantaloupe-Melone
- 50 g Mango
- 150 ml Mandelmilch
- Stevia, Süßstoff, Xucker etc. nach Belieben

Mango- und Melonenfruchtfleisch in Würfel schneiden und zusammen mit den restlichen Zutaten in einen Mixer geben. Für etwa 2 Minuten schön schaumig pürieren, in ein Glas füllen und genießen.

Nährwerte für 1 Portion	
Kalorien	249 kcal
Fett	18,3 g
Kohlenhydrate	9,5 g
Eiweiß	9,0 g

Erdbeer-Mandel-Smoothie mit Kräutertee

Zutaten für 1 Portion:

- 80 g TK Erdbeeren
- 1 EL Eiweißpulver, neutral
- 1 EL Mandelmus
- 230 ml kalter Kräutertee
- 2-3 Eiswürfel
- Stevia, Süßstoff, Xucker etc. nach Belieben

Alle Zutaten in einen Mixer geben und etwa 1-2 Minuten pürieren. Nach Belieben Süßen, in eine Glas füllen und genießen.

Nährwerte für 1 Portion	
Kalorien	203 kcal
Fett	12,1 g
Kohlenhydrate	6,6 g
Eiweiß	13,2 g

Buttermilch-Espresso-Smoothie

Zutaten für 1 Portion:

- 150 ml Buttermilch
- 150 g Quark
- 2 Espresso
- 2 TL Eiweißpulver, Schokolade
- 1 Prise Zimt
- 100 ml Wasser
- Stevia oder Süßstoff nach Belieben

Alle Zutaten in einen Mixer geben und schaumig mixen. In ein Glas füllen und durch einen Strohhalm genießen.

Nährwerte für 1 Portion	
Kalorien	272 kcal
Fett	2,2 g
Kohlenhydrate	13,6 g
Eiweiß	48,5 g

Frühstücks-Smoothie

Zutaten für 1 Portion:

- 200 ml Sojamilch

- 1 EL Eiweißpulver, neutral
- 1 EL Leinsamen, geschrotet
- ½ EL Walnuss-Öl
- 50 g Pfirsich
- Süßstoff nach Bedarf

Alle Zutaten in einen Mixer geben und etwa 1-2 Minuten pürieren. Nach Belieben Süßen, in eine Glas füllen und genießen.

Nährwerte für 1 Portion	
Kalorien	246 kcal
Fett	14,1 g
Kohlenhydrate	9,9 g
Eiweiß	18,4 g

Buttermilch-Zitronen-Smoothie mit Chia Samen

Zutaten für 1 Portion:

- 250 ml Buttermilch
- ½ Zitrone
- 1 EL Chia Samen
- 1 EL gemahlene Mandeln
- Stevia oder Süßstoff nach Belieben

Die Zitrone heiß abspülen und die Schale abreiben. Buttermilch, Zitronenabrieb, Chia Samen, Mandeln und einige Spritzer Zitronensaft in einen Mixer geben und fein pürieren. Nach Belieben süßen und genießen.

Nährwerte für 1 Portion	
Kalorien	251 kcal
Fett	14,1 g
Kohlenhydrate	11,6 g
Eiweiß	13,4 g

Heidelbeer-Kokos-Smoothie

Zutaten für 1 Portion:

- 180 ml Kokosmilch
- 1 EL Chia Samen
- 1 EL Eiweißpulver, Banane
- 50 g TK Heidelbeeren
- 2-3 Eiswürfel nach Belieben
- Stevia, Süßstoff, Xucker etc. nach Belieben

Alle Zutaten in einen Mixer geben und etwa 1-2 Minuten pürieren. Nach Belieben Süßen, in eine Glas füllen und genießen.

Nährwerte für 1 Portion	
Kalorien	536 kcal
Fett	44,8 g
Kohlenhydrate	13,4 g
Eiweiß	17,0 g

Sattmacher-Smoothie mit Nüssen

Zutaten für 1 Portion:

- 1 EL Leinsamen
- 1 TL Flohsamenschalen
- 1 EL gemahlene Mandeln
- 1 EL gemahlene Walnusskerne
- ½ Pfirsich
- 2 EL Joghurt (0,1 % Fett)
- 230 ml Mandelmilch
- Stevia, Süßstoff, Xucker etc. nach Belieben

Den Pfirsich vom Kern befreien und das Fruchtfleisch in Würfel schneiden. Zusammen mit den restlichen Zutaten in einen Mixer geben, für etwa 2 Minuten schön schaumig pürieren, in ein Glas füllen und genießen.

Nährwerte für 1 Portion	
Kalorien	348 kcal
Fett	25,9 g
Kohlenhydrate	9,9 g
Eiweiß	13,8 g

Avocado-Vanille-Shake

Zutaten für 1 Portion:

- 150 ml Buttermilch
- 150 ml Mandelmilch
- 1 Avocado
- 30 g Eiweißpulver, Vanille
- 2 TL Flohsamenschalen
- Stevia, Süßstoff, Xucker nach Belieben

Die Avocado halbieren, vom Kern befreien und das Fruchtfleisch mit einem Löffel auslösen. In Würfel schneiden und zusammen mit den restlichen Zutaten in einen Mixer geben.

Für etwa 2 Minuten schön schaumig pürieren, in ein Glas füllen und genießen.

Nährwerte für 1 Portion	
Kalorien	525 kcal
Fett	34,6 g
Kohlenhydrate	14,6 g
Eiweiß	33,6 g

Frischkäse-Melonen-Smoothie

Zutaten für 1 Portion:

- 100 g Hüttenkäse
- 80 g Honigmelone
- 1 EL Eiweißpulver, neutral
- 180 ml Wasser

Die Melone von der Schale befreien und das Fruchtfleisch in Würfel schneiden. Zusammen mit den restlichen Zutaten in einen Mixer geben, für etwa 2 Minuten schön schaumig pürieren, nach Belieben süßen, in ein Glas füllen und genießen.

Nährwerte für 1 Portion	
Kalorien	177 kcal
Fett	4,6 g
Kohlenhydrate	11,2 g
Eiweiß	21,7 g

Erdbeer-Joghurt-Shake

Zutaten für 1 Portion:

- 100 g Mascarpone
- 100 g Natur-Joghurt (fettarm)
- 60 g TK Erdbeeren
- 1 EL Eiweißpulver, Erdbeere
- 1 TL Flohsamenschalen
- 50 ml Wasser
- Stevia, Süßstoff, Xucker etc. nach Belieben

Alle Zutaten in einen Mixer geben und etwa 1-2 Minuten pürieren. Nach Belieben Süßen, in eine Glas füllen und genießen.

Nährwerte für 1 Portion	
Kalorien	465 kcal
Fett	37,4 g
Kohlenhydrate	11,2 g
Eiweiß	20,7 g

Erdnuss-Zimt-Smoothie

Zutaten für 1 Portion:

- 150 ml Mandelmilch
- 3 EL Magerquark
- 2 EL Erdnussmus
- 1 Prise Zimt
- 2-3 Eiswürfel nach Belieben
- Stevia, Süßstoff, Xucker etc. nach Belieben

Alle Zutaten in einen Mixer geben und etwa 1-2 Minuten pürieren. Nach Belieben Süßen, in eine Glas füllen und genießen.

Nährwerte für 1 Portion	
Kalorien	190 kcal
Fett	14,0 g
Kohlenhydrate	3,5 g
Eiweiß	11,0 g

Sesam-Kirsch-Smoothie

Zutaten für 1 Portion:

- 1 EL Erdnussbutter
- 1 EL Sesam
- 50 g entkernte Kirschen
- 230 ml Mandelmilch
- ½ Avocado
- 2-3 Eiswürfel
- Stevia, Süßstoff, Xucker etc. nach Belieben

Die Avocado vom Kern befreien und das Fruchtfleisch mit einem Löffel auslösen. In Würfel schneiden und zusammen mit den restlichen Zutaten in einen Mixer geben. Für etwa 2 Minuten schön schaumig pürieren, in ein Glas füllen und genießen.

Nährwerte für 1 Portion	
Kalorien	412 kcal
Fett	33,2 g
Kohlenhydrate	14,3 g
Eiweiß	10,2 g

Mango-Kokos-Smoothie mit grünem Tee

Zutaten für 1 Portion:

- 30 g Magerquark
- 50 g Mango
- 1 EL Eiweißpulver, Vanille
- 1 EL Kokosraspeln
- 2 TL Kokosöl
- 200 ml grüner Tee, abgekühlt
- Stevia, Süßstoff, Xucker etc. nach Belieben

Die Mango von Kern und Schale befreien und das Fruchtfleisch in Würfel schneiden. Zusammen mit den restlichen Zutaten in einen Mixer geben, für etwa 2 Minuten schön schaumig pürieren, in ein Glas füllen und genießen.

Nährwerte für 1 Portion	
Kalorien	232 kcal
Fett	16,6 g
Kohlenhydrate	8,5 g
Eiweiß	13,1 g

Heidelbeer-Joghurt-Smoothie mit Leinöl

Zutaten für 1 Portion:

- 180 ml Mandelmilch
- 3 EL Natur-Joghurt (fettarm)
- 50 TK Heidelbeeren
- 1 EL Leinöl
- 20 g Schokolade (80 %)
- Stevia, Süßstoff, Xucker etc. nach Belieben

Die Schokolade grob hacken und zusammen mit den restlichen Zutaten in einen Mixer geben und etwa 1-2 Minuten pürieren. Nach Belieben Süßen, in eine Glas füllen und genießen.

Nährwerte für 1 Portion	
Kalorien	322 kcal
Fett	28,8 g
Kohlenhydrate	10,9 g
Eiweiß	5,3 g

Früchtetee-Ingwer-Smoothie

Zutaten für 1 Portion:

- 100 g Natur-Joghurt (fettarm)
- 2 TL Mandelmus
- 1 TL Ingwer, frisch gerieben
- 120 ml Früchtetee (kalt, ohne Zucker)
- Stevia, Süßstoff, Xucker etc. nach Belieben

Alle Zutaten in einen Mixer geben und etwa 1-2 Minuten pürieren. Nach Belieben Süßen, in eine Glas füllen und genießen.

Nährwerte für 1 Portion	
Kalorien	272 kcal
Fett	24,7 g
Kohlenhydrate	5,1 g
Eiweiß	7,9 g

Pfirsich-Kamille-Smoothie

Zutaten für 1 Portion:

- 2 EL gemahlene Mandeln
- 4 EL Natur-Joghurt (fettarm)
- 1 EL Eiweißpulver, Vanille
- ½ Pfirsich
- 70 ml kalter Kamillentee
- 70 ml Mandelmilch
- 2-3 Eiswürfel
- Stevia, Süßstoff, Xucker etc. nach Belieben

Den Pfirsich vom Kern befreien und das Fruchtfleisch in Würfel schneiden. Zusammen mit den restlichen Zutaten in einen Mixer geben, für etwa 2 Minuten schön schaumig pürieren, in ein Glas füllen und genießen.

Nährwerte für 1 Portion	
Kalorien	278 kcal
Fett	17,4 g
Kohlenhydrate	9,2 g
Eiweiß	19,8 g

Avocado-Beeren-Smoothie

Zutaten für 1 Portion:

- 2 EL gemahlene Leinsamen
- 30 g Heidelbeeren
- 30 g Erdbeeren
- ¼ Avocado
- 2 EL Magerquark
- 100 ml Sojamilch
- 150 ml Wasser
- Stevia, Süßstoff, Xucker etc. nach Belieben

Die Avocado vom Kern befreien und das Fruchtfleisch mit einem Löffel auslösen. In Würfel schneiden und zusammen mit den restlichen Zutaten in einen Mixer geben. Für etwa 2 Minuten schön schaumig pürieren, in ein Glas füllen und genießen.

Nährwerte für 1 Portion	
Kalorien	296 kcal
Fett	20,5 g
Kohlenhydrate	10,1 g
Eiweiß	12,9 g

Rezept-Ideen für Pancakes & Pfannkuchen

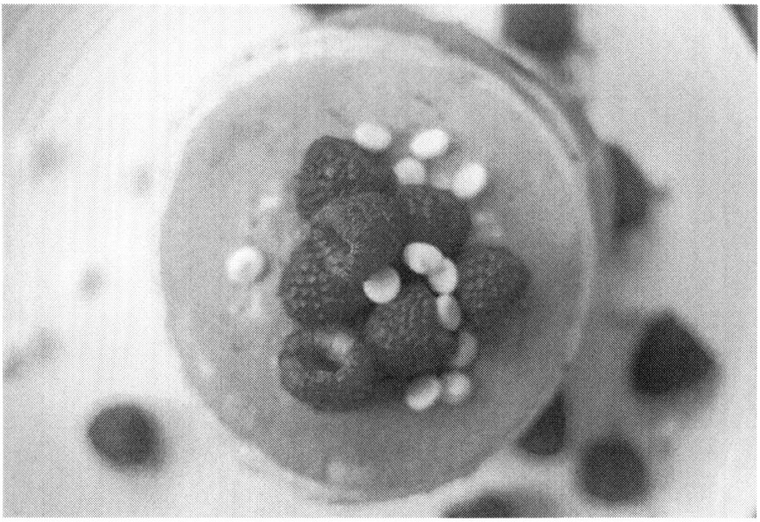

Mandel-Pfannkuchen mit Ziegenkäse & Erdbeeren

Zutaten für 1 Portion:

- 75 g Mandelmehl
- 50 g Erdbeeren
- 40 g Ziegenfrischkäse
- 1 Ei (L)
- 40-50 ml Wasser
- 1 TL Kokos-Öl
- 1 TL Birkenzucker

Mandelmehl mit Ei, Wasser und Birkenzucker glatt rühren. Erdbeeren säubern und vierteln. Öl in einer Pfanne erhitzen und Teig zu kleinen Pfannkuchen verarbeiten. Mit Ziegenkäse bestreichen und den Erdbeerstückchen belegen.

Nährwerte für 1 Portion	
Kalorien	449 kcal
Fett	24,7 g
Kohlenhydrate	10,4 g
Eiweiß	42 g

Schoko-Haselnuss-Pfannkuchen

Zutaten für 1 Portion:

- 2 Eier (M)
- 30 g gemahlene Haselnüsse
- 30 g Mandelmehl
- 2 EL Eiweißpulver, Schokolade
- 1 TL Back-Kakao, gestrichen
- 2 EL Milch (1,5 % Fett)
- 2 TL Öl
- 1 Prise Salz
- Stevia, Süßstoff, Xucker etc. nach Belieben

Die Eier mit der Milch und dem Salz verquirlen. Die gemahlenen Haselnüsse, Kakaopulver, Eiweißpulver und ggf. Stevia (oder anderen Zuckerersatz) hinzugeben und zu einem glatten Teig verrühren. Öl in einer Pfanne erhitzen, den Teig hineingeben und von beiden Seiten goldgelb backen. Auf einen Teller geben und genießen.

Nährwerte für 1 Portion	
Kalorien	659 kcal
Fett	43,2 g
Kohlenhydrate	10,4 g
Eiweiß	52,9 g

Protein-Pancakes mit Frischkäse & Himbeersoße

Zutaten für 1 Portion (2 Pancakes):

- 2 Eiweiß (M)
- 50 g Eiweißpulver, neutral
- 50 ml Sojamilch
- 25g gemahlene Mandeln
- 30 g Himbeeren
- 2 EL körniger Frischkäse
- 1 EL Wasser
- 1-2 TL Öl
- Süßstoff nach Bedarf

Das Eiweiß steif schlagen. Eiweißpulver mit der Sojamilch und den gemahlenen Mandeln verrühren und vorsichtig das steife Eiweiß unterheben bis eine homogene Masse entsteht. Die Himbeeren mit dem Wasser pürieren und ggf. nach Bedarf mit etwas Süßstoff süßen. Eine heiße Pfanne mit etwas Öl ausstreichen und den Teig in zwei Partien zu Pancakes backen. Den Frischkäse auf die fertigen Pancakes verteilen und die Himbeersoße darüber geben.

Nährwerte für 1 Portion	
Kalorien	465 kcal
Fett	18,3 g
Kohlenhydrate	7,6 g
Eiweiß	68,5 g

Beeren-Pancakes mit Mascarpone

Zutaten für 1 Portion:

- 2 Eier (M)
- 1 EL gemahlene Mandeln
- 2 EL Mascarpone
- 125 g Waldbeeren nach Belieben
- ½ Zitrone
- 5 EL Mandelmilch (1,5 % Fett)
- 4 Minze Blätter, gehackt
- 1-2 TL Öl

- Stevia oder Süßstoff nach Belieben
- Salz

Die Zitrone heiß abspülen, Schale abreiben und den Saft auspressen. Die Eier trennen. Eiweiß mit einer Prise Salz steif schlagen. In einer separaten Schüssel das Eigelb mit der Milch, den gemahlenen Mandeln und ggf. etwas Stevia oder Süßstoff zu einer homogenen Masse verarbeiten. Mascarpone mit Zitronensaft, Zitronenabrieb und der gehackten Minze verrühren. Nach Belieben süßen.

Das Eiweiß vorsichtig unter den Teig heben, bis alles gut verteilt ist. Öl in einer Pfanne erhitzen, den Teig darin verteilen und von beiden Seiten durchbacken. Auf einen Teller geben, mit der Mascarpone-Creme bestreichen und mit den Beeren belegen.

Nährwerte für 1 Portion	
Kalorien	544 kcal
Fett	43,3 g
Kohlenhydrate	13,6 g
Eiweiß	23,1 g

Kokos-Pancakes mit Himbeeren

Zutaten für 1 Portion:

- 2 Eier
- 1 EL Kokosmehl, gehäuft
- 1 TL Weinsteinpulver, gestrichen
- 2 EL Kokosmilch
- 2 TL Öl
- 1 Prise gemahlene Vanille
- 50 g Himbeeren
- 1Prise Salz
- Stevia, Süßstoff, Xucker etc. nach Belieben

Die Himbeeren pürieren (nach Belieben etwas Stevia etc. dazu geben). Die Eier trennen und das Eiweiß mit einer Prise Salz steif schlagen.

Das Eigelb mit Milch und Vanille verquirlen, Kokosmehl und Weinsteinpulver hinzugeben, nach Belieben süßen und zu einem glatten Teig verrühren. Anschließend portionsweise das Eiweiß unterheben.

Öl in einer Pfanne erhitzen und den Teig zu Pancakes verarbeiten. Auf einen Teller geben und mit den pürierten Himbeeren genießen.

Nährwerte für 1 Portion	
Kalorien	414 kcal
Fett	30,9 g
Kohlenhydrate	9,0 g
Eiweiß	19,5 g

Erdnuss-Crêpe mit Erdbeeren

Zutaten für 1 Portion:

- 1 Ei
- 2 TL Eiweißpulver, neutral
- 1 EL Erdnussmus
- 50 g Erdbeeren
- 1 Prise Salz
- Etwas Wasser
- 1-2 TL Öl
- Stevia, Süßstoff, Xucker etc. nach Belieben

Das Ei mit dem Eiweißpulver, einer Prise Salz und ggf. etwas Stevia oder Süßstoff verrühren. Soviel Wasser hinzugeben, dass sich der Teig in der Pfanne gut verteilen lässt. Erdbeeren putzen und vierteln.

Öl in eine Pfanne geben und mit einem Stück Küchenpapier verteilen. Den Teig in die Pfanne geben und von beiden Seiten gold-gelb backen. Den fertigen Crêpe auf einen Teller geben, mit dem Erdnussmus bestreichen, mit den Erdbeeren belegen und zweimal falten. Noch warm genießen.

Nährwerte für 1 Portion	
Kalorien	345 kcal
Fett	25,7 g
Kohlenhydrate	5,7 g
Eiweiß	21,4 g

Bananen-Pancakes

Zutaten für 1 Portion:

- 4 Eier (M)
- ½ Banane
- 5 EL Eiweißpulver, Banane
- 50 ml Mandelmilch
- 1 Prise Salz
- 1-2 TL Öl
- Stevia, Süßstoff, Xucker etc. nach Belieben

Die halbe Banane der Länge nach vierteln und in Scheiben schneiden. Eier mit Milch, Salz, dem Eiweißpulver und ggf. etwas Zuckerersatz zu einem glatte Teig verrühren. Die Bananenstückchen in den Teig geben und vermengen.

Öl in einer Pfanne erhitzen, den Teig portionsweise hineingeben und von beiden Seiten goldgelb backen.

Nährwerte für 1 Portion	
Kalorien	666 kcal
Fett	35,0 g
Kohlenhydrate	15,3 g
Eiweiß	71,6 g

Eiweiß-Power-Pancakes

Zutaten für 1 Portion (2 Pancakes):

- 2 Eier
- 50 g Frischkäse
- 20 g Mascarpone
- 20 g Eiweißpulver, Vanille
- 2 TL Öl
- Stevia oder Süßstoff nach Belieben

Die Zubereitung dieser kleinen Power-Pakete ist einfach und simpel. Einfach alle Zutaten in eine Schüssel geben und mit dem Handrührgerät zu einem glatten teig verrühren. Den Teig in zwei Portionen, mit jeweils einem Teelöffel Öl in einer heißen Pfanne backen.

Nährwerte für 1 Portion	
Kalorien	525 kcal
Fett	41,2 g
Kohlenhydrate	3,5 g
Eiweiß	35,0 g

Haselnuss-Zimt-Pfannkuchen

Zutaten für 1 Portion:

- 2 Eier (M)
- 50 g gemahlene Haselnüsse
- 2 EL Eiweißpulver, neutral
- 1 TL Zimt, gestrichen
- 2 EL Mandelmilch
- 2 TL Öl
- 1 Prise Salz
- Stevia, Süßstoff, Xucker etc. nach Belieben

Die Eier mit der Milch und dem Salz verquirlen. Die gemahlenen Haselnüsse, Zimt, Eiweißpulver und ggf. Stevia (oder anderen Zuckerersatz) hinzugeben und zu einem glatten Teig verrühren. Öl in einer Pfanne erhitzen, den Teig hineingeben und von beiden Seiten goldgelb backen. Auf einen Teller geben und genießen.

Nährwerte für 1 Portion	
Kalorien	679 kcal
Fett	55,8 g
Kohlenhydrate	7,9 g
Eiweiß	36,1 g

Apfel-Vanille-Pancakes

Zutaten für 1 Portion:

- 4 Eiweiß
- 20 g gemahlene Mandeln
- 60 g Eiweißpulver, Vanille
- 20 ml Mandelmilch
- ½ Vanilleschote
- 50 g Apfel
- 1 TL Öl
- Stevia, Süßstoff, Xucker etc. nach Belieben

Den Apfel waschen und in kleine Würfel schneiden. Das Eiweiß steif schlagen. Die gemahlenen Mandeln zusammen mit dem Eiweißpulver in eine Schüssel geben und vermengen. Die Mandelmilch und das Vanillemark dazu geben und gut verrühren. Anschließend vorsichtig das Eiweiß unterheben, bis alles gut verteilt ist. Zum Schluss die Apfelstückchen untermengen und Teig portionsweise in einer heißen Pfanne mit etwas Öl, zu Pancakes backen.

Nährwerte für 1 Portion	
Kalorien	493 kcal
Fett	17,2 g
Kohlenhydrate	10,8 g
Eiweiß	71,7 g

Rezept-Ideen für Frühstücks-Gebäck & Backwaren

Himbeer-Blaubeer-Muffins

Zutaten für 12 Stück:

- 6 Eier (Gr. M, Zimmertemperatur)
- 120 g Butter
- 80 g Kokosmehl
- 50 g Himbeeren
- 50 g Blaubeeren
- 1 TL Backpulver

- ½ Vanilleschote
- 5-10 TL Wasser
- Stevia, Süßstoff etc. nach Bedarf
- 1 Prise Salz

Den Backofen auf 190°C vorheizen.

Eier und Butter mit dem Mixer schaumig schlagen. Salz, Vanillemark, Backpulver, Kokosmehl und Zuckerersatz hinzufügen und gut vermengen, löffelweise das Wasser hinzugeben, sodass der Teig halbwegs fest ist.

Himbeeren und Blaubeeren unterheben und den Teig mit Hilfe von zwei Löffeln auf 12 Muffin-Förmchen aufteilen. Im vorgeheizten Backofen etwa 15-18 Minuten backen, bis die Oberfläche der Muffins goldbraun ist.

Nährwerte für 12 Muffins		**1 Muffin**
Kalorien	1750 kcal	145,8
Fett	142,3 g	11,9
Kohlenhydrate	33,3 g	2,8
Eiweiß	55,1 g	4,6

Frühstücks-Riegel

Zutaten für eine Form 20 x 20 cm (10 Riegel):

- 125 g Bitterschokolade (80 %)
- 220 g Erdnussbutter (ohne Zucker)
- 90 g Birkenzucker
- 60 g Leinsamenmehl
- 60 g Mandelmehl
- 2 TL Chia Samen
- 2 Eiweiß (M)
- 110 g Cashewkerne
- 110 g Mandeln
- 30 g Walnusskerne

Schokolade, Walnüsse, Cashewkerne und Mandeln grob hacken. Zusammen mit allen anderen Zutaten in eine Schüssel geben und vermengen. Den fertigen Teig in eine mit Backpapier ausgelegte Auflaufform geben ´, gleichmäßig verteilen und fest andrücken. Im vorgeheizten Backofen bei 170°C für etwa 20 Minuten backen. Nach dem Backen etwas abkühlen lassen und in 10 Riegel schneiden.

Nährwerte für 10 Frühstücks-Riegel		**1 Riegel**
Kalorien	4384 kcal	438 kcal
Fett	326,4 g	32,6 g
Kohlenhydrate	96,8 g	9,7 g
Eiweiß	182,5 g	18,3 g

Zucchini-Mandel-Kokos-Brot

Zutaten für 1 Brot:

- 300 g Zucchini, geraspelt
- 140 g Birkenzucker, Xucker, Erythrit etc.
- 100 g Kokosraspeln
- 180 g Mandelmehl
- 2 EL Flohsamenschalen
- 2 EL Mandelmus
- 40 ml Zitronensaft
- 100 g geschmolzene Butter
- 2 Eier (M)
- 1 Pck. Weinsteinpulver
- 1 TL Natron
- 1 Prise Salz

Alle trockenen Zutaten in eine Schüssel geben und miteinander vermengen. Anschließend die nassen Zutaten portionsweise hinzufügen und alles gründlich miteinander vermischen.

Den fertigen Teig in eine gefettete Kasten- oder Brotbackform geben und im vorgeheizten Backofen bei 170 °C für etwa 65-75 Minuten backen.

Wenn das Brot zu dunkel wird, nach der Hälfte der Backzeit mit Alufolie abdecken. Das Brot zum Verzehr in ca. 1 cm dicke Scheiben schneiden.

Nährwerte für 1 Brot		1 Scheibe 25 cm Form	1 Scheibe 30 cm Form
Kalorien	2827 kcal	113 kcal	94 kcal
Fett	196,9 g	7,9 g	6,6 g
Kohlenhydrate	44,0 g	1,8 g	1,5 g
Eiweiß	113,2 g	4,5 g	3,8 g

Low Carb Käse-Brötchen

Zutaten für 6 Brötchen:

- 3 EL Magerquark
- 1 ½ EL Frischkäse
- 3 Eier (M)
- 60 g Gouda, gerieben
- 3 TL Weinsteinpulver
- 9 EL Flohsamenschalen (gestrichen)
- 3 EL Chia Samen
- 1 ½ EL Leinsamenschrot
- Salz

Den Backofen auf 200°C vorheizen.

Alle Zutaten in eine Schüssel geben und gut miteinander verrühren. Mit den Händen 6 Brötchen formen, auf ein mit Backpapier ausgelegtes Backblech legen und mit einem Messer kreuzförmig einritzen. Im vorgeheizten Backofen für 20 - 30 Minuten backen. Die

Brötchen können ruhig etwas dunkler werden, dann sind sie innen mit Sicherheit gar und außen schön knusprig.

Nährwerte für 6 Brötchen		**1 Brötchen**
Kalorien	921 kcal	154 kcal
Fett	60,1 g	10,0 g
Kohlenhydrate	21,8 g	3,6 g
Eiweiß	56,5 g	9,4 g

Joghurt-Mascarpone-Muffins

Zutaten für 12 Stück:

- 3 Eier (M)
- 80 g Mascarpone
- 250 g gemahlene Mandeln
- ½ Pck. Weinsteinpulver
- 150 g Natur-Joghurt (1,5 % Fett)
- 1 Prise Salz
- Stevia oder Süßstoff nach Belieben

Den Backofen auf 180°C vorheizen.

Die Eier trennen. Das Eiweiß mit einer Prise Salz steif schlagen. Die restlichen Zutaten in eine Schüssel geben und zu einem glatten teig verarbeiten. Anschließend das Eiweiß vorsichtig unterheben. Den fertigen Teig auf 12 Muffin-Förmchen verteilen und im vorgeizten Backofen etwa 20 Minuten backen (Stäbchenprobe machen).

Nährwerte für 12 Muffins		1 Muffin
Kalorien	2213 kcal	184 kcal
Fett	183,7 g	15,3 g
Kohlenhydrate	25,1 g	2,1 g
Eiweiß	96,9 g	8,1 g

Käse-Schinken-Hörnchen

Zutaten für 8 Stück:

- 125 g Mozzarella
- 60 g gemahlenen Mandeln
- 30 g Kokosmehl
- 50 g Butter
- 4 Scheiben Kochschinken
- 1 Ei (L)
- 1 TL Weinsteinpulver
- 1 TL Guarkernmehl

Den Backofen auf 175°C vorheizen.

Den Mozzarella in kleine Würfel schneiden und zusammen mit der Butter und dem Ei in eine Schüssel geben. Mit einem Pürierstab fein pürieren. Nun portionsweise alle anderen Zutaten, außer den Kochschinken, dazu geben und gut verrühren. Den Teig zum Ruhen für 1 Stunde in den Kühlschrank stellen.

Nachdem der Teig geruht hat, wird er mit Hilfe von Backpapier oder Frischhaltefolie zu einem Rechteck ausgerollt. Der Teig sollte etwa 5-8 mm dick sein.

Den fertig ausgerollten teig nun mit einem Messer oder einem Pizzaschneider in 8 gleichgroße Dreiecke schneiden, jeweils mit einer halben Scheiben Kochschinken belegen und von der breiten Seite her aufrollen.

Die Hörnchen nun auf ein mit Backpapier ausgelegtes Backblech legen und im vorgeheizten Backofen etwa 20 Minuten backen, bis sie goldgelb sind.

Nährwerte für 8 Hörnchen		**1 Hörnchen**
Kalorien	1384 kcal	173 kcal
Fett	108,8 g	13,6 g
Kohlenhydrate	15,4 g	1,9 g
Eiweiß	74,8 g	9,4 g

Leinsamen-Haselnuss-Brot

Zutaten für 1 Brot:

- 8 Eier (M)
- 200 g Goldleinsamen
- 120 g gemahlene Haselnüsse
- 4 EL Kürbiskerne
- 2 EL Haselnuss-Kerne, gehackt
- 6 EL Wasser
- 2 TL Weinsteinpulver
- 1 TL Salz

Den Backofen auf 200°C vorheizen.

Von den Kürbiskerne 2 EL beiseite stellen. Alle anderen Zutaten in eine Schüssel geben und gut miteinander vermengen. Den fertigen Teig anschließend in eine mit Backpapier ausgelegte, oder gut gefettete Kastenform geben und 10 Minuten ruhen lassen.

Nach dem Ruhen wird das Brot im vorgeheizten Backofen für etwa 60-70 Minuten gebacken. Das Brot zum Verzehr in ca. 1 cm dicke Scheiben schneiden.

Nährwerte für 1 Brot		1 Scheibe 25 cm Form	1 Scheibe 30 cm Form
Kalorien	3019 kcal	121 kcal	101 kcal
Fett	240,8 g	9,6 g	8,0 g
Kohlenhydrate	36,1 g	1,4 g	1,2 g
Eiweiß	138,2 g	5,5 g	4,6 g

Walnuss-Zimt-Muffins

Zutaten für 12 Stück:

- 4 Eier (M)
- 200 g gemahlene Mandeln
- 100 g Walnuss-Kerne, gehackt
- ¼ TL Natron
- 75 ml Öl
- 1 TL Zimt (gehäuft)
- 1 Prise Salz

Den Backofen auf 180°C vorheizen.

Die Eier trennen. Das Eiweiß mit einer Prise Salz steif schlagen. Das Öl mit dem Eigelb schaumig rühren, anschließend die restlichen Zutaten hinzufügen. Nun das steifgeschlagene Eiweiß portionsweise unterheben. Den fertigen Teig auf 12Muffin-Förmchen verteilen und im vorgeheizten Backofen etwa 20 min auf backen (Stäbchen-probe machen).

Nährwerte für 12 Muffins		**1 Muffin**
Kalorien	2928 kcal	244 kcal
Fett	267,5 g	22,3 g
Kohlenhydrate	18,2 g	1,5 g
Eiweiß	92,5 g	7,7 g

Knoblauch-Oregano-Panini

Zutaten für 6 Stück:

- 255 g Mandelmehl
- 30 g Kokosmehl
- 30 g Eiweißpulver, neutral
- 1 ½ Teelöffel Weinsteinpulver
- 3 Eier (M)
- 2 Knoblauchzehen
- 3 EL Olivenöl
- 3 EL Wasser
- 3 TL Oregano
- 1 TL Salz (gestrichen)

Den Backofen auf 165°C vorheizen.

Zuerst alle trocknen Zutaten in eine Schüssel geben und gut miteinander vermengen. Anschließend die restlichen Zutaten dazu geben und alles zu einem homogenen teig verkneten (der Teig ist klebrig!).

Den fertigen Teig nun in 6 Teile teilen und beliebig in Form bringen (oval, rechteckig etc.). Dabei empfiehlt es sich, dieses mit Hilfe von Backpapier oder auch Klarsichtfolie zu machen, so bleiben Hände und Küchenhelfer einigermaßen sauber. Der Teig sollte etwa 1 cm dick sein.

Die in Form gebrachten Paninis nun im vorgeheizten Backofen für etwa 20 Minuten backen. Nach dem Backen kurz auskühlen lassen, bevor die Paninis aufgeschnitten werden.

Die fertigen Paninis können nun nach Herzenslust und je nach Geschmack mit verschiedenen Wurst- und Käsesorte, sowie Salat, Gemüse oder auch Fleisch belegt werden.

Nährwerte für 6 Paninis		1 Panini
Kalorien	1824 kcal	304 kcal
Fett	92,2 g	15,4 g
Kohlenhydrate	42,2 g	7,0 g
Eiweiß	165,9 g	27,7 g

Schnelle Schokobrötchen

Zutaten für 5 Stück:

- 250 g Magerquark
- 3 Eier (M)
- 50 g Mandelmehl
- 25 g Eiweißpulver, Schokolade
- 25 g Eiweißpulver, Vanille
- 2 EL Birkenzucker, Xucker oder Erythrit
- 2 TL Back-Kakao
- 1 TL Weinsteinpulver
- ½ TL Guarkernmehl
- 50 g Bitterschokolade (80 %)

Den Backofen auf 175°C vorheizen.

Die Schokolade grob hacken. Alle Zutaten mit Hilfe von Knethaken oder einer Küchenmaschine zu einem schönen Teig verarbeiten. Aus dem fertigen Teig 5 gleichmäßige Brötchen formen und auf ein mit Backpapier ausgelegtes Backblech legen. Im vorgeheizten Backofen für etwa 30 Minuten backen.

Nährwerte für 5 Brötchen		1 Brötchen
Kalorien	1180 kcal	236 kcal
Fett	50,3 g	10,1 g
Kohlenhydrate	33,0 g	6,6 g
Eiweiß	122,3 g	24,5 g

Chia-Power-Brot

Zutaten für 1 Brot:

- 75 g Chia Samen
- 75 g Sonnenblumenkerne
- 75 g Kürbiskerne
- 75 g Mandelmehl
- 40 g Tasse Goldleinsamen, gemahlen
- 1 TL Birkenzucker, Xucker, Erythrit etc.
- 1 TL getrockneter Oregano
- ½ TL getrockneter Thymian
- ½ TL Salz

- ¼ TL Zwiebel Pulver
- ¼ TL Knoblauchpulver
- 1 Tasse Wasser

Alle trocknen Zutaten in eine Schüssel geben und gut vermengen. Das Wasser dazu geben und gut verrühren. Der Teig ist zuerst sehr flüssig, wird aber schnell fester. Den Teig nun so gleichmäßig wie möglich etwa ½ Zentimeter dick und in rechteckiger Form auf ein gefettetes bzw. mit Backpapier ausgelegtes Blech, oder in eine gut gefettete Form streichen und bei 160°C ca. 25 Minuten backen.

Vor dem Bewegen vollständig auskühlen lassen, da das Brot sonst kaputt gehen kann. Haltbar für etwa 2-3 Tage, kann aber super eingefroren und im Toaster aufgetaut werden. Die Samen/Kerne können nach Belieben ausgetauscht und so z. B. auch durch Nüsse ersetzt werden. Auch beim Mehl kann ausprobiert und ausgetauscht werden.

Die Nährwertangaben beziehen sich auf das ganze Brot. Die Angabe pro Stück oder Scheibe sind also davon abhängig, in wie viele Scheiben bzw. Stücke Sie das Brot schneiden. Teilen Sie die Werte des ganzen Brotes einfach durch Ihre Anzahl an Scheiben/Stücke und Sie erhalten die Werte für 1 Scheibe/1Stück.

Nährwerte für 1 Brot	
Kalorien	1743 kcal
Fett	99,0 g
Kohlenhydrate	51,9 g
Eiweiß	103,4 g

Walnuss-Quark-Brötchen

Zutaten für 6 Brötchen:

- 250 g Quark (20 % Fett)
- 3 Eier (M)
- 30 g Walnussmehl
- 25 g Leinsamenmehl
- 30 g Flohsamenschalen
- 30 g Eiweißpulver, neutral
- 30 g geschroteter Leinsamen
- 20 g Chia Samen
- 30 g gehackte Walnüsse
- 1 TL Weinsteinpulver
- ½ TL Birkenzucker, Xucker, Erythrit
- ½ TL Guarkernmehl
- 1 TL Salz

Alle Zutaten in eine Schüssel geben und mit dem Handrührgerät zu einem einheitlichen Teig verarbeiten. Aus dem fertigen Teig nun 6 kleine Brötchen formen und auf ein mit Backpapier ausgelegtes Backblech legen. Im vorgeheizten Backofen bei 175°C für etwa 25-35 Minuten backen.

Die Brötchen am besten im Kühlschrank aufbewahren und vor dem Verzehr von beiden Seiten auf dem Toaster rösten, oder anfeuchten und kurz aufbacken. Sie möchten auf Vorrat backen? Kein Problem, die Brötchen lassen sich auch wunderbar einfrieren!

Nährwerte für 6 Brötchen		1 Brötchen
Kalorien	1348 kcal	225 kcal
Fett	85,4 g	14,2 g
Kohlenhydrate	20,7 g	3,5 g
Eiweiß	100,7 g	16,8 g

Coffee-Chocolate-Muffins

Zutaten für 12 Stück:

- 4 Eier (M)
- 2 TL instant Kaffeepulver (ungesüßt)
- 2 EL heißes Wasser
- 200 g gemahlene Mandeln
- 60 g Mandelblättchen
- 1 Msp. Natron
- 100 g Schokolade (80 %)
- 80 g Butter
- 100 g Birkenzucker (oder Xucker)

Backofen auf 180°C vorheizen.

Die Eier trennen. Eiweiß mit einer Prise Salz steif schlagen und kaltstellen. Das instant Kaffeepulver mit 2 EL Heißem Wasser anrühren und abkühlen lassen. Die Schokolade über dem Wasserbad oder in der Mikrowelle schmelzen.

Die Butter mit dem Zucker cremig rühren. Nach und nach das Eigelb hinzugeben und mindestens 3-5 Minuten weiter rühren. Nun den angerührten Kaffee und die geschmolzene Schokolade einrühren.

Die gemahlene Mandeln, die Mandelblättchen und das Natron vermischen. Portionsweise zu dem Schokoladenteig geben. Zum Schluss das steifgeschlagene Eiweiß ebenfalls portionsweise unterheben.

Den fertigen Teig in 12 Muffin-Förmchen füllen und im vorgeheizten Backofen für etwa 20-25 Minuten backen (Stäbchenprobe machen).

Nährwerte für 12 Muffins		**1 Muffin**
Kalorien	3380 kcal	282 kcal
Fett	279,7 g	23,3 g
Kohlenhydrate	32,5 g	2,7 g
Eiweiß	100,7 g	8,4 g

Mediterranes Fitness-Brot

Zutaten für 1 Brot:

- 3 Eier (M)
- 200 g Quark (20 % Fett)
- 40 g gemahlene Mandeln
- 50 g Sesam
- 60 g gemahlene Leinsamen

- 100 g getrocknete Tomaten
- 1 TL Weinsteinpulver
- 3 EL gehackter Bärlauch
- 1 EL Oregano
- 1 TL Salz
- 15 g Sesam (zum Bestreuen)
- 15 g schwarzen Sesam (zum Bestreuen)

Den Quark mit den Eiern verrühren. Die getrocknete Tomate und den Bärlauch in kleine Stücke schneiden und zusammen mit den restlichen Zutaten zu der Quarkmasse geben.

Den fertigen Teig nun in eine gefettete Kasten- oder Brotbackform geben, mit hellem und schwarzem Sesam bestreuen (nach Belieben auch mit Chia Samen) und bei 150°C etwa 70 Minuten backen.

Das Brot zum Verzehr in ca. 1 cm dicke Scheiben schneiden.

Nährwerte für 1 Brot		**1 Scheibe 25 cm Form**	**1 Scheibe 30 cm Form**
Kalorien	1632 kcal	65 kcal	54 kcal
Fett	118,7 g	4,7 g	4,0 g
Kohlenhydrate	44,2 g	1,8 g	1,5 g
Eiweiß	88,0 g	3,5 g	2,9 g

Leinsamen-Chia-Brot mit Frischkäse

Zutaten für 1 Brot:

- 100 g gemahlene Mandeln
- 50 g Goldleinsamen
- 50 g Chia Samen
- 50 g Sonnenblumenkerne
- 20 g Kokosmehl
- 50 g gemahlene Flohsamenschalen
- 200 g Hüttenkäse
- 5 Eier (M)
- 1 Pck. Weinsteinpulver
- 2 EL Apfel-Essig
- 1-2 TL Brot Gewürz
- 1 TL Salz

Den Backofen auf 180°C vorheizen.

Alle Zutaten in eine Schüssel geben und gut miteinander vermengen. Anschließend in eine gefettete Brotbackform geben, oder per Hand einen Brotlaib formen, auf ein Blech geben und die Oberseite mit einem Messer leicht einritzen.

Im vorgeheizten Backofen für etwa 50-60 Minuten backen. Das Brot zum Verzehr in ca. 1 cm dicke Scheiben schneiden.

Nährwerte für 1 Brot		1 Scheibe 25 cm Form	1 Scheibe 30 cm Form
Kalorien	2171 kcal	87 kcal	72 kcal
Fett	141,8 g	5,7 g	4,7 g
Kohlenhydrate	50,0 g	2,0 g	1,7 g
Eiweiß	122,5 g	4,9 g	4,1 g

Low Carb Croissants

Zutaten für 4 Croissants:

- 100 g kalte Butter
- 100 g Quark (40 % Fett)
- 70 g Eiweißpulver, neutral
- 1 ½ TL Johannisbrotkernmehl
- 1 Prise Salz
- 1 Ei zum bestreichen

Bis auf das Ei, alle Zutaten in eine Schüssel geben und zu einem gleichmäßigen teig verkneten. Den fertigen Teig in Frischhaltefolie wickeln und für mindestens 1 Stunde in den Kühlschrank legen (sehr wichtig, der Teig muss wirklich sehr kalt sein).

Ist der Teig gut durchgekühlt, wird er zwischen zwei Backpapieren auf die gewünschte Dicke ausgerollt. Dabei ist es wichtig, ihn immer wieder zu wenden und das Papier zwischendurch abzuziehen (der Teig ist sehr klebrig wenn er warm wird). Mit einem Messer oder einem Pizzaschneider in 4 Dreiecke schneiden, von der breiten Seite her locker aufrollen und auf ein mit Backpapier ausgelegtes Backblech legen.

Nun das Ei verquirlen und die Croissants damit bestreichen. Im vorgeheizten Backofen bei 170°C etwa 15-20 Minuten backen bis sie goldgelb sind.

Nährwerte für 4 Croissants		**1 Croissant**
Kalorien	1251 kcal	225 kcal
Fett	102,1 g	14,2 g
Kohlenhydrate	6,3 g	3,5 g
Eiweiß	74,4 g	16,8 g

Knackiges Nuss-Brot

Zutaten für 1 Brot:

- 100 g Goldleinsamen
- 50 g Sonnenblumenkerne
- 50 g Haselnüsse
- 50 g Kürbiskerne
- 50 g Pinienkerne
- 100 g gemahlene Mandeln
- 100 g Walnüsse, grob zerbrochen
- 4 Eier (M)
- 1 Pck. Weinsteinpulver

- 1 TL Brot Gewürz
- 1 TL Salz

Den Backofen auf 175°C vorheizen.

Alle Zutaten in eine Schüssel geben und gleichmäßig miteinander vermengen. Den fertigen Teig in eine gefettete Kastenform, bzw. in eine Brotback- oder Silikonform geben und im vorgeheizten Backofen für etwa 50 Minuten backen.

Nährwerte für 1 Brot		**1 Scheibe 25 cm Form**	**1 Scheibe 30 cm Form**
Kalorien	3467 kcal	139 kcal	116 kcal
Fett	279,8 g	11,2 g	10,0 g
Kohlenhydrate	58,9 g	2,4 g	2,0 g
Eiweiß	135,2 g	5,4 g	4,5 g

Eiweiß-Brötchen

Zutaten für 6 Stück:

- 150g Magerquark
- 50 g Eiweißpulver, neutral
- 1 ½ EL Chia Samen
- 2 TL Weinsteinpulver
- 2 Eier (M)

- 1 EL Olivenöl
- 20 g Flohsamenschalen
- ½ TL Guarkernmehl
- Salz, Pfeffer

Den Quark mit den Eiern verrühren. Alle anderen Zutaten dazu geben und mit dem Mixer zu einem schönen Teig verrühren. Da der Teig recht flüssig ist, lässt er sich am besten in einer Muffin- oder Brötchenbackform backen. Im vorgeheizten Ofen bei 175°C für 25 Minuten goldig backen (evtl. Stäbchenprobe machen).

Nährwerte für 6 Brötchen		1 Brötchen
Kalorien	726 kcal	121 kcal
Fett	34,1 g	5,7 g
Kohlenhydrate	23,1 g	3,9 g
Eiweiß	75,6 g	12,6 g

Rezept-Ideen für Brotaufstriche & Marmeladen

Süßer Quarkaufstrich

Zutaten für 1 Portion:

- 125g Quark (20 % Fett)
- 100g Himbeeren (oder andere Beeren)
- Stevia, Süßstoff oder Xucker
- Vanillearoma nach Belieben

Die Beeren pürieren und mit den restlichen Zutaten zu einer homogenen Masse verrühren. Nach Belieben süßen und mit einigen Tropfen Vanillearoma verfeinern.

Es bleibt Ihnen überlassen ob Sie frische Beeren oder TK-Beeren verwenden. Beides funktioniert gut und schmeckt lecker.

Nährwerte für 1 Portion	
Kalorien	164 kcal
Fett	6,7 g
Kohlenhydrate	8,2 g
Eiweiß	16,9 g

Erdbeer-Limetten-Traum mit Vanille

Zutaten für 1 Glas:

- 600 g Erdbeeren
- ½ Vanilleschote
- ½ Limette, davon der Abrieb
- 200 g GelierXucker 3:1

Die Erdbeeren waschen, säubern und pürieren. Die Limette heiß abspülen und die Schale abreiben. Das Mark der halben Vanilleschote auskratzen. Die pürierten Erdbeeren mit dem Vanillemark, dem Limettenabrieb und dem GelierXucker mischen und nach Packungsanleitung in einem Topf aufkochen. Die noch heiße Marmelade in sehr gut gesäuberte Gläser abfüllen und auf dem Kopf stehend auskühlen lassen.

Nährwerte für 1 großes Glas	
Kalorien	676 kcal
Fett	2,5 g
Kohlenhydrate	227,9 g
Eiweiß	5,3 g

Avocado-Bärlauch-Aufstrich

Zutaten für 1 Portion:

- ½ Avocado (125 g)
- 2 EL Bärlauch, gehackt
- 1 Spritzer Zitronensaft
- Salz, Pfeffer, Chili

Das Fruchtfleisch der Avocado mit einem Löffel auslösen und in eine Schüssel geben. Zitronensaft, Bärlauch, Chili, Salz und Pfeffer hinzufügen und mit einem Pürierstab bis zur gewünschten Konsistenz zerkleinern.

Nährwerte für 1 Portion	
Kalorien	179 kcal
Fett	15,8 g
Kohlenhydrate	5,1 g
Eiweiß	2,0 g

Frischer Eiersalat

Zutaten für 1 Portion:

- 1 Ei
- 50 g körniger Frischkäse
- 1 EL Schmand
- ½ TL Senf
- ½ EL Schnittlauch
- Salz, Pfeffer

Das Ei kochen bis es hart ist. Schnittlauch in feine Röllchen schneiden. Das hartgekochte Ei vierteln, in eine kleine Schüssel geben und mit einer Gabel grob zerdrücken. Die restlichen Zutaten dazu geben und gut miteinander vermengen. Je nach Geschmack noch einmal mit Salz und Pfeffer abschmecken.

Nährwerte für 1 Portion	
Kalorien	171 kcal
Fett	11,1 g
Kohlenhydrate	2,0 g
Eiweiß	13,9 g

Cremiger Schoko-Nuss-Aufstrich

Zutaten für 1 kleines Glas:

- 150 ml Mandelmilch
- 100 g gemahlene Haselnüsse
- 3 EL Kakaopulver, entölt
- 3 EL Eiweißpulver, Schokolade
- Stevia oder Süßstoff nach Belieben

Alle Zutaten in eine Schüssel geben und mit Hilfe eines Schneebesens oder eines Handrührgerätes zu einer einheitlichen und homogenen Masse verarbeiten. In ein Glas füllen und dieses am besten im Kühlschrank aufbewahren.

Nährwerte für 1 kleines Glas	
Kalorien	970 kcal
Fett	78,0 g
Kohlenhydrate	16,6 g
Eiweiß	59,9 g

Hüttenkäse-Aufstrich mit Apfel & Sellerie

Zutaten für 1 Portion:

- 50 Hüttenkäse
- 70 g Apfel
- 40 g Staudensellerie
- 1 Prise Curry
- Salz, Pfeffer

Den Hüttenkäse mit dem Currypulver, Salz und Pfeffer verrühren. Den Sellerie und den Apfel waschen, beides in kleine Würfel schneiden und zum Hüttenkäse geben. Alle Zutaten gut miteinander vermengen und ggf. noch einmal mit Salz und Pfeffer abschmecken.

Nährwerte für 1 Portion	
Kalorien	102 kcal
Fett	2,3 g
Kohlenhydrate	10,9 g
Eiweiß	7,4 g

Rote Chia-Marmelade

Zutaten für 1 Glas:

- 50 g Chia Samen
- 500 g rote Früchte
- 235 ml Wasser
- 50 g Birkenzucker, Xucker, Erythrit

Die Früchte waschen, ggf. entsteinen, klein schneiden und zusammen mit den anderen Zutaten in einen Topf geben. Die Chia-Marmelade einmal aufkochen lassen, Hitze reduzieren und während des Köchelns ständig rühren, da Chia Samen sehr schnell anbrennen. Wenn die Masse nur noch die Hälfte an Volumen hat, vom Herd nehmen, in ein Marmeladenglas füllen und auskühlen lassen. Die fertige Marmelade ist im Kühlschrank ca. eine Woche haltbar.

Nährwerte für 1 Glas	
Kalorien	523 kcal
Fett	17,6 g
Kohlenhydrate	48,0 g
Eiweiß	12,6 g

Fruchtiger Hähnchensalat

Zutaten für 1 Portion:

- 150 g Hähnchenbrust
- 100 g Mandarinen (ungezuckert)
- ½ Pfirsich
- 1 EL Miracel Whip Balance
- 1 EL Schnittlauch
- 1 TL instand Gemüsebrühe
- ½ TL Senf
- Salz, Pfeffer
- Nach Belieben eine Prise Currypulver

Die Hähnchenbrust in einem Topf mit Wasser und der Gemüsebrühe gar kochen, herausnehmen und abkühlen lassen. Die abgekühlte Hähnchenbrust in kleine Stücke schneiden und in eine Schüssel geben. Mandarinen in ein Sieb geben und abtropfen lassen, anschließend halbieren.

Den Pfirsich schälen, vom Kern befreien und in kleine Würfel schneiden. Schnittlauch in feine Röllchen schneiden und zusammen mit den Mandarinen und dem gewürfelten Pfirsich zum Hähnchen geben. Miracel Whip Balance und Senf dazugeben und gut vermengen. Mit Salz und Pfeffer abschmecken.

Den fertigen Salat am besten für einige Zeit ziehen lassen. Wer es nicht abwarten kann, kann ihn aber natürlich auch gleich verputzen.

Nährwerte für 1 Portion	
Kalorien	235 kcal
Fett	3,4 g
Kohlenhydrate	14,0 g
Eiweiß	36,0 g

Frischkäse-Räucherlachs-Aufstrich

Zutaten für 1 Portion:

- 50 g Frischkäse
- 50 g Räucherlachs
- 1 TL Dill, fein gehackt
- 1 TL frischer Meerrettich, gerieben
- Salz, Pfeffer

Den Frischkäse zusammen mit dem fein gehackten Dill und dem geriebenen Meerrettich in eine Schüssel geben und verrühren.

Den Räucherlachs in sehr feine Stücke hacken und zum Frischkäse geben. Mit Salz und Pfeffer würzen und alles gut miteinander vermengen.

Nährwerte für 1 Portion	
Kalorien	210 kcal
Fett	18,3 g
Kohlenhydrate	2,5 g
Eiweiß	12,1 g

Vanille-Mandel-Creme

Zutaten für 1 kleines Glas:

- 125 g weiche Butter
- 2 EL sehr fein gemahlene Mandeln
- 1 EL Eiweißpulver Vanille
- 120 ml flüssige Sahne
- 3 EL Mandelmus
- ½ Vanilleschote
- Stevia, Süßstoff, Xucker etc. nach Belieben

Das Mark der Vanilleschote auskratzen. Alle Zutaten miteinander vermengen und sorgfältig glattrühren. In ein Glas füllen und am besten im Kühlschrank aufbewahren. Die Vanille-Mandel-Creme ist etwa 1 Woche haltbar.

Nährwerte für 1 kleines Glas	
Kalorien	1709 kcal
Fett	174,9 g
Kohlenhydrate	8,1 g
Eiweiß	26,7 g

Herzhafter Schinken-Aufstrich

Zutaten für 2 Portionen:

- 50 g gekochter Schinken
- 125 g Katenschinken in Würfeln
- 100 g Frischkäse
- ½ Zwiebel
- Salz, Pfeffer, 1 Prise Paprikapulver Edelsüß

Den gekochten Schinken und die Zwiebel grob in Würfel schneiden, Zusammen mit den restlichen Zutaten in eine Schüssel geben und mit einem Pürierstab bis zur gewünschten Konsistenz zerkleinern.

Nährwerte für 2 Portionen	
Kalorien	613 kcal
Fett	46,3 g
Kohlenhydrate	9,4 g
Eiweiß	39,2 g

Thunfisch-Creme

Zutaten für 1 Portion:

- 100 g Frischkäse
- 75 g Thunfisch (in eigenem Saft)
- ½ Zwiebel
- 1 TL Kapern, fein gehackt
- Salz, Pfeffer

Den Thunfisch abgießen und in eine Schüssel geben. Die Zwiebel in feine Würfel schneiden und zusammen mit den restlichen Zutaten zum Thunfisch geben. Mit einer Gabel nun alles gut vermengen und ggf. noch einmal mit Salz und Pfeffer abschmecken.

Wer keine Kapern mag, kann diese natürlich weglassen. Die Thunfisch-Creme schmeckt auch ohne diese sehr gut.

Nährwerte für 1 Portion	
Kalorien	352 kcal
Fett	25,4 g
Kohlenhydrate	5,5 g
Eiweiß	24,6 g

Pfirsich-Aprikosen-Mandel-Aufstrich

Zutaten für 1 kleines Glas:

- 75 g getrocknete Aprikosen
- ½ Pfirsich
- ½ Orange
- 35 g Mandeln, geschält
- 15 g Birkenzucker

Die Orange heiß abspülen, die Schale abreiben und den Saft auspressen. Die getrockneten Aprikosen in kleine Stücke schneiden, in eine Schüssel geben, mit dem Orangesaft übergießen und über Nacht einweichen.

Den Pfirsich schälen, in kleine Stücke schneiden und zusammen mit den Mandeln, der Orangenschale, dem Birkenzucker, den eingeweichten Aprikosen und dem Saft vom Einweichen in eine Schüssel oder Mixer geben. Anschließend bis zur gewünschten Konsistenz pürieren, in ein Glas umfüllen und im Kühlschrank aufbewahren.

Nährwerte für 1 kleines Glas	
Kalorien	496 kcal
Fett	19,5 g
Kohlenhydrate	48,0 g
Eiweiß	15,5 g

Käse-Aufstrich mit Bärlauch

Zutaten für 1 Portion:

- 50 g körniger Frischkäse
- 50 g Frischkäse
- 25 g Gouda, gerieben
- ½ EL Bärlauch, gehackt
- ½ EL Oliven Öl
- ½ TL Paprikapulver, Rosenscharf
- Salz, Pfeffer

Alle Zutaten in eine Schüssel geben und mit einem Pürierstab bis zur gewünschten Konsistenz zerkleinern. Nach Belieben noch einmal mit Salz und Pfeffer abschmecken.

Nährwerte für 1 Portion	
Kalorien	325 kcal
Fett	27,2 g
Kohlenhydrate	3,6 g
Eiweiß	15,3 g

Feuriger Mango-Aufstrich

Zutaten für 1 Glas:

- 250 g Mango-Fruchtfleisch
- 80 g Birkenzucker
- ½ rote Chilischote
- 1 EL Limettensaft
- ¼ Pck. Gelier-Pulver 3:1 (Gelfix Super o. Ä.)

Das Mango-Fruchtfleisch in kleine Würfel schneiden, in eine Schüssel geben und mit einem Pürierstab fein pürieren. Die Chilischote entkernen und sehr fein hacken. Das Gelier-Pulver mit dem Zucker mischen und zusammen mit dem pürierten Mango-Fruchtfleisch, dem Limettensaft und der fein gehackten Chilischote in einen Topf geben.

Unter ständigem Rühren zum Kochen bringen und anschließen mindestens 4 Minuten köcheln lassen. In ein sauberes Glas abfüllen, den Deckel verschließen und mindestens 5 Minuten auf dem Kopf stehen lassen. Anschließen wieder umdrehen und nach dem Abkühlen im Kühlschrank lagern.

Nährwerte für 1 Glas	
Kalorien	374 kcal
Fett	1,2 g
Kohlenhydrate	37,4 g
Eiweiß	1,7 g

Mediterraner Tomaten-Aufstrich

Zutaten für 1 Portion:

- 50 g Frischkäse
- 2 getrocknete Tomaten (in Öl)
- ½ kleine Zwiebel
- 1 TL Basilikum, gehackt
- ½ TL Thymian, gehackt
- 2 schwarze Oliven
- ½ Knoblauchzehe
- Salz, Pfeffer

Die Zwiebel und die getrockneten Tomaten grob in Würfel schneiden. Alle Zutaten in eine Schüssel geben und mit einem Pürierstab bis zur gewünschten Konsistenz zerkleinern. Nach Belieben noch einmal mit Salz und Pfeffer abschmecken.

Nährwerte für 1 Portion	
Kalorien	195 kcal
Fett	16,2 g
Kohlenhydrate	7,6 g
Eiweiß	4,1 g

Weitere Bücher der Autorin

CHIA SAMEN - Kleines Superfood ganz groß: Fit, gesund & schlank in ein neues Leben starten

MATCHA - Grüner Wundertee mit jahrhundertelanger Tradition: Der Ratgeber: Über 50 leckere Rezept-Ideen für ein gesundes Wohlbefinden

GRÜNE SMOOTHIES - Vegane Wohlfühl-Power aus dem Mixer - Entschlacken, Entgiften & Abnehmen - 70 leckere Rezept-Ideen

SALAT FÜR ALLE – Schlank, gesund & lecker in den Sommer – Vegan, Vegetarisch, Fleisch & Fisch – Über 90 Rezept-Ideen für jeden Geschmack

LOW CARB DIÄT - Mit wenig Kohlenhydraten viel abnehmen

Kontakt zur Autorin - Social Media

Website/Blog: www.nele-kaczmarek.de

Facebook-Profil: Nele Kaczmarek

Facebook-Fanpage: Nele Kaczmarek

Twitter: Nele_Kaczmarek

Instagram: nele_kaczmarek

Google+: Nele Kaczmarek

YouTube: Nele Kaczmarek

Ich freue mich, wenn Sie mich auf meiner Website besuchen, auf meinem Facebook-Profil vorbeischauen, oder mir bei Twitter, Instagram oder Google+ folgen.

Abonnieren Sie meinen Blog oder tragen Sie sich in meinen Newsletter ein und bleiben Sie immer auf dem Laufenden. Hier erfahren Sie von Neuerscheinungen, Gratis-Aktionen oder können sich einfach nur darüber informieren, was ich so mache.

Schlusswort

Ich hoffe Ihnen hat das Buch gefallen und Sie konnten hilfreiche Informationen mitnehmen. Wenn das der Fall sein sollte, freue ich mich über eine kurze Bewertung in den Amazon Rezensionen. Auch für Hinweise auf Fehler und/oder Unklarheiten bin ich Ihnen dankbar. Wenn Ihnen mein Buch gefallen hat, empfehlen Sie es doch auch Ihren Freunden und Bekannten.

Impressum

1. Auflage, August 2016

Hindenburgdamm 128
12203 Berlin

Rechtliches

Der Inhalt dieses Buches wurde mit großer Sorgfalt geprüft und erstellt. Für die Vollständigkeit, Richtigkeit und Aktualität der Inhalte kann jedoch keine Garantie oder Gewähr übernommen werden. Der Inhalt dieses Buches repräsentieren die persönliche Erfahrung und Meinung des Autors und dient nur dem Unterhaltungszweck. Der Inhalt sollte nicht mit medizinischer Hilfe verwechselt werden.

Es wird keine juristische Verantwortung oder Haftung für Schäden übernommen, die durch kontraproduktive Ausübung oder durch Fehler des Lesers entstehen. Es kann auch keine Garantie für Erfolg übernommen werden. Der Autor übernimmt daher keine Verantwortung für das Nicht-Erreichen der im Buch beschriebenen Ziele. Dieses Buch enthält Links zu anderen Webseiten. Auf den Inhalt dieser Webseiten haben wir keinen Einfluss. Deshalb kann auf diesen Inhalt auch keine Gewähr übernommen werden. Die verlinkten Seiten wurden zum Zeitpunkt der Verlinkung auf mögliche Rechtsverstöße überprüft. Für die Inhalte der verlinkten Seiten ist aber der jeweilige Anbieter oder Betreiber der Seiten verantwortlich. Rechtswidrige Inhalte konnten zum Zeitpunkt der Verlinkung nicht festgestellt werden. Eine Haftung für Personen-, Sach- oder Vermögensschäden ist ausgeschlossen.

Bildnachweis

Coverbild © lidante - fotolia.com
Rührei © Tatjana Baibakova - 123rf.com
Smoothies & Shakes © Ida Myrvold - flickr.com
Weiter Bilder pixabay.com

16158559R00083

Printed in Poland
by Amazon Fulfillment
Poland Sp. z o.o., Wrocław